P.D. Ouspensky

Die Psychologie der möglichen Evolution des Menschen

Edition Plejaden

Der Titel des im Verlag Hodder and Stoughton, London erschienenen Originalausgabe lautet:
The Psychology of Man's Possible Evolution . . .
Autorisierte Übersetzung durch François Grunwald

Lizenzausgabe mit Genehmigung des Otto Wilhelm Barth Verlages (im Scherz Verlag), Bern und München.
Die deutsche Erstausgabe erschien unter dem Titel »Vom inneren Wachstum des Menschen« (»Eine psychologische Studie«).

Druck: MovimentoDruck, Berlin
~~Bindung: Villwock, Berlin~~

Vertrieb: Edition Plejaden, Manteuffelstraße 47, D-1000 Berlin 36
~~Vertrieb für die Schweiz: Bücherkarawane, Wachtstraße 20,~~
~~CH 8134 Adliswil~~

ISBN: 3-88419-009-1

In seinem Buch: »Auf der Suche nach dem Wunderbaren« (›Fragmente einer unbekannten Lehre‹) erwähnt P. D. Ouspensky die Vortragsreihen, die er seit 1919 in Rußland veranstaltete, um die Gedanken von G. I. Gurdjieff darzulegen und zu erläutern. Diese Vorträge dienten später als Grundlage für die Vorlesungen, die er von 1922 an in England und später in Amerika hielt.

Ehe er einer Veröffentlichung zustimmte, die erst nach seinem Tode stattfinden sollte — er starb 1947 in London —, korrigierte er viele Male den Text, um die endgültige Form in strengster Genauigkeit vorzulegen. Diese diente uns zur Übersetzung.

Einleitung

Seit mehreren Jahren erhielt ich zahlreiche Briefe von meinen Lesern mit der Anfrage, *was ich seit der Fertigstellung meiner Bücher* getan hätte. Diese wurden 1920 und 1931 in Englisch veröffentlicht, waren aber schon 1910 und 1912 niedergeschrieben worden. Es war mir nicht möglich, auf diese Briefe zu antworten. Allein der Versuch hätte ganze Bücher verlangt. Für die Briefschreiber aber, die in London wohnten, wo ich mich 1921 niedergelassen hatte, veranstaltete ich Vortragsreihen, in denen ich ihre Fragen zu beantworten suchte. Ich versuchte ihnen zu erklären, was ich nach Abfassung meiner beiden Bücher entdeckt hatte und in welcher Richtung meine Arbeit verlief.

1934 schrieb ich fünf einleitende Vorträge, die eine allgemeine Idee über den Gegenstand meiner Studien vermitteln sollten sowie die Arbeitslinien, die eine gewisse Anzahl von Menschen mit mir zusammen verfolgten. Es war völlig unmöglich, dies alles in einem Vortrag — oder auch in zwei oder drei Vorlesungen — zusammenzufassen. Darum habe ich auch immer vor der Nutzlosigkeit gewarnt, an einem oder an zwei Vorträgen teilzunehmen. Es sind zumindest fünf, wenn nicht gar zehn, notwendig, um die Richtung meiner

Arbeit anzudeuten. Seither wurden diese Vorträge fortgesetzt und ich habe sie die ganze Zeit lang und zu wiederholten Malen überarbeitet.

Im Großen und Ganzen fand ich diese gemeinsamen Zusammenkünfte befriedigend. Man las fünf Vorträge in meinem Beisein oder ohne mich. Die Zuhörer konnten Fragen stellen und erlangten, wenn sie den Ratschlägen und Angaben, die ihnen gegeben wurden, zu folgen suchten, sehr schnell im praktischen Ausüben ein vollständig ausreichendes Verständnis dessen, was ich tat. Die Ratschläge betrafen vor allem die Selbstbeobachtung und eine bestimmte innere Selbst-Disziplin.

Gewiß war ich mir immer bewußt, daß fünf Vorträge nicht genügen konnten, und in den Gesprächen, die ihnen folgten, kam ich auf die einleitenden Angaben zurück, um sie weiter auszuführen. So versuchte ich, meinen Zuhörern ihre eigene persönliche Stellung zu der *neuen Kenntnis* vor Augen zu führen.

Für viele von ihnen bestand scheinbar die größte Schwierigkeit darin, zu erfassen, daß sie wirklich *neue* Dinge gehört hatten. Ich will damit sagen: Dinge, die sie niemals zuvor gehört hatten.

Ohne es sich einzugestehen, versuchten sie stets in ihrem Denken das Neue zu leugnen, das sie gehört hatten und bemühten sich, um welches Thema es sich handelte, alles in ihre gewohnte Sprache zurückzuübersetzen. Natürlich konnte ich diesem nicht Rechnung tragen.

Ich weiß, daß es nicht leicht ist, sich einzugestehen, daß man *Neues* hört. Wir sind so sehr an die alten Lieder, an die alten Kehrreime gewohnt, daß wir schon seit langem aufgehört haben zu hoffen oder überhaupt zu glauben, daß irgendetwas *Neues* da sein könnte.

Selbst wenn wir neue Ideen formuliert hören, halten wir diese für alt oder meinen, sie könnten mit Hilfe der alten Ideen erklärt und gedeutet werden. Es ist tatsächlich eine sehr schwierige Aufgabe, die Möglichkeit und Notwendigkeit wirklich neuer Ideen zu verstehen. Dies erfordert mit der Zeit eine Nachprüfung aller geläufigen Werte.

Ich kann nicht versichern, daß Sie hier schon von Anfang an neue Ideen vorfinden werden, das heißt Gedanken, von denen Sie noch niemals haben sprechen hören. Aber wenn Sie Geduld haben, werden Sie diese mit Sicherheit feststellen. Und dann wünsche ich Ihnen, sie nicht entwischen zu lassen und achtzugeben, daß sie nicht wieder nach der alten Weise ausgelegt werden.

New York 1945

Erster Vortrag

Ich möchte mit Ihnen über das Studium der Psychologie sprechen; aber ich muß Sie darauf aufmerksam machen, daß die Psychologie, von der ich sprechen werde, sich sehr von all dem unterscheidet, was Sie unter diesem Namen kennen mögen.

Als erstes muß ich sagen: Niemals in der Geschichte hat sich die Psychologie auf einem so *tiefen Niveau* befunden. Sie hat jeglichen Kontakt mit ihrem *Ursprung* und all ihren Sinn in einem solchen Maß verloren, daß es heute schwierig ist, diesen Fachausdruck »Psychologie« zu definieren, d.h. klarzustellen, was die Psychologie ist und was sie untersucht. Und das, obwohl es in der Geschichte niemals so viele psychologische Theorien und Bücher gegeben hat, wie heute.

Manchmal wird die Psychologie als eine neue Wissenschaft bezeichnet. Das ist vollkommen unrichtig. Die Psychologie ist vielleicht *die älteste Wissenschaft* überhaupt; unglücklicherweise aber ist sie in ihren wichtigsten Aspekten eine *vergessene Wissenschaft*.

Um zu verstehen, wie die Psychologie zu definieren ist, muß man im Auge haben, daß, außer in der modernen Zeit, die Psychologie niemals unter ihrem eigenen Namen existiert hat. Aus den verschiedensten Gründen wurde sie immer *falscher* oder *umstürz-*

lerischer Tendenzen in religiöser, politischer oder moralischer Hinsicht verdächtigt; und sie mußte sich immer hinter irgendwelchen Maskierungen verbergen.

Jahrtausendelang hat die Psychologie unter dem Namen Philosophie existiert. In Indien beschreibt man alle Formen von *Yoga,* die im wesentlichen Psychologie sind, als eines der sechs Systeme der Philosophie. Die *Sufi-Lehren,* welche vor allem psychologischer Natur sind, werden als halb religiös, halb metaphysisch betrachtet. Noch vor sehr kurzer Zeit, im Europa der letzten Jahre des 19. Jahrhunderts, wurden auch viele psychologische Werke für »Philosophie« gehalten. Obwohl fast alle Unterabteilungen der Philosophie, wie Logik, Erkenntnistheorie, Ethik, Ästhetik, die Arbeit des menschlichen Denkens oder der menschlichen Sinne betreffen, betrachtete man die Psychologie als der Philosophie untergeordnet — als hätte sie nur Verbindungen mit den niedrigsten und trivialsten Teilen der menschlichen Natur.

Ebenso wie die Psychologie unter dem Namen der Philosophie existierte bleibt sie — viel länger noch — gebunden an die eine oder andere Religion. Das will nicht heißen, daß Religion und Psychologie als ein und dieselbe Sache betrachtet wurden, noch, daß das Verhältnis zwischen Religion und Psychologie stets erkannt wurde. Aber es ist außer Zweifel, daß fast alle bekannten Religionen — ich spreche selbstverständlich nicht von den modernen Pseudo-Religionen — psychologische Lehren von dieser oder jener Art entwickelt haben. Diese wurden oft von gewissen praktischen Anwendungen begleitet, so daß sehr häufig das Studium der Religion schon jenes der Psychologie mit umfaßte.

Man findet hervorragende psychologische Arbeiten in der streng religiösen Literatur verschiedener Länder und Zeitabschnitte. Zum Beispiel jene Sammlung verschiedener Autoren, die aus der frühen Zeit des Christentums stammt und unter dem allgemeinen Titel der »Philokalia« bekannt ist. Diese Bücher sind noch heute in der orientalischen Kirche in Gebrauch und dienen besonders zur Belehrung der Mönche.

In der Zeit, in der die Psychologie mit der Philosophie und der Religion verbunden war, existierte sie auch unter der Form der Kunst. Poesie, Theater, Skulptur, Tanz, selbst Architektur waren Mittel zur Überlieferung psychologischer Kenntnis.

Gotische Kathedralen, zum Beispiel, waren im wesentlichen Werke über Psychologie.

Bevor Religion und Kunst die unabhängigen Formen annahmen, unter denen wir sie heute kennen, fand die Psychologie in der Antike ihren Ausdruck in *Mysterien,* wie denen Ägyptens und des alten Griechenlands.

Als später die Mysterien verschwanden, überlebte die Psychologie in der Form von *Symbolischen Lehren,* die zuweilen an die Religion der Zeit gebunden, dann wieder von ihr getrennt waren, wie die Astrologie, die Alchemie, die Magie und unter den modernsten die Freimaurerei, der Okkultismus und die Theosophie.

Hier muß unbedingt festgehalten werden, daß alle psychologischen Systeme und Lehren, sowohl jene, welche offen existieren oder existierten, als auch jene, welche versteckt oder hinter einem Deckmantel bestanden, sich in zwei Hauptkategorien einteilen lassen:

Erstens: in die Systeme, welche den Menschen studieren, *so wie er ist — so wie sie ihn antreffen —*

oder *so wie sie annehmen oder sich einbilden, daß er sei.* Die moderne »wissenschaftliche« Psychologie oder was unter diesem Namen bekannt ist, gehört zu dieser Kategorie.

Zweitens: in die Systeme, welche den Menschen studieren — nicht vom Standpunkt dessen, was er ist oder zu sein scheint, sondern im Hinblick darauf, was er werden kann, das heißt, vom Standpunkt seiner *möglichen Evolution.*

Diese letzteren sind in Wahrheit die ursprünglichen Systeme oder auf jeden Fall die älteren, und nur diese können den vergessenen Ursprung der Psychologie und ihre Bedeutung verständlich machen.

Wenn wir erkannt haben, wie wichtig beim Studium des Menschen der Standpunkt seiner *möglichen Evolution ist,* dann werden wir die erste Antwort auf die Frage »Was ist Psychologie?« verstehen. Diese sollte sein:

Die Psychologie ist das Studium der Grundsätze, der Gesetze und Tatsachen, die sich auf die mögliche Entwicklung des Menschen beziehen. Bei diesen Vorträgen werde ich nur von diesem Standpunkt ausgehen.

Unsere erste Frage ist: Was bedeutet die Entwicklung des Menschen und die zweite: Erfordert diese besondere Bedingungen?

Vor allem muß ich sagen, daß wir die modernen Begriffe über den Ursprung des Menschen und seine vergangene Evolution nicht annehmen können. Wir müssen uns Rechenschaft geben, daß wir über diesen Ursprung nichts wissen, und daß wir keinen Beweis von einer physischen oder geistigen Evolution des Menschen haben.

Ganz im Gegenteil: Wenn wir die geschichtliche Menschheit betrachten, das heißt, die der letzten zehn- oder fünfzehntausend Jahre, so können wir unbestreitbare Spuren eines höheren Typus des Menschen finden, dessen Vorhandensein durch vielseitige Dokumente und Monumente der alten Zeit erwiesen werden kann und den die heutigen Menschen unfähig wären wieder-zu-erschaffen oder nachzuahmen.

Was nun den *prähistorischen Menschen* betrifft oder jene Kreaturen, die scheinbar einen menschlichen Aspekt hatten, doch höchst verschieden von diesem waren — Knochenreste von ihnen werden manchmal bei Ausgrabungen der Eiszeit oder Vor-Eiszeit gefunden —, so können wir begreiflicherweise annehmen, daß diese Knochenreste zu einem ganz anderen Wesen als dem Menschen gehörten, das schon lange ausgestorben ist.

Da wir die vergangene Evolution des Menschen verneinen, können wir ihm auch keine Möglichkeit einer *zukünftigen mechanischen Entwicklung* zubilligen. Das heißt: einer Evolution, die sich von selbst nach Vererbungsgesetzen und Auslese entwickeln könnte, ohne bewußte Anstrengung seitens des Menschen und ohne daß er selbst die ihm mögliche Entwicklung verstanden hätte.

Unsere Grundidee ist: Der Mensch, so wie wir ihn kennen, ist *ein nichtvollendetes Wesen.* Die Natur entwickelt ihn nur bis zu einem gewissen Grad, dann überläßt sie ihn sich selbst, damit er seine Entwicklung durch *eigene* Bemühung und Initiative fortsetzt, oder lebt und stirbt, so wie er geboren wurde. Er kann aber auch degenerieren und die Fähigkeit zur Entwicklung verlieren.

Die Evolution des Menschen bezeichnet im ersten Fall die Entwicklung gewisser Qualitäten und innerer Eigenschaften, die gewöhnlich im embryonalen Zustand verbleiben *und sich unmöglich von selbst entwickeln können.*

Erfahrung und Beobachtung zeigen, daß diese Entwicklung nur unter ganz bestimmten Bedingungen möglich ist, daß sie bestimmte und besondere Anstrengungen seitens des Menschen selbst erfordert und eine *genügende Hilfe* von jenen, die vor ihm schon eine gleiche Arbeit unternommen und einen gewissen Grad von Entwicklung erreicht oder wenigstens eine gewisse Kenntnis der Methoden gewonnen haben.

Wir müssen von der Idee ausgehen, daß ohne Anstrengung die Evolution nicht möglich ist — und, *daß sie ohne Hilfe ebenso unmöglich ist.*

Darüber hinaus müssen wir verstehen: Auf dem Wege der Entwicklung muß der *Mensch ein anderes Wesen werden* und wir müssen lernen und begreifen, in welcher Art und in welcher Richtung der Mensch ein anderes Wesen werden soll. Das heißt: Was bedeutet ein anderes Wesen?

Weiter müssen wir verstehen, daß nicht *alle Menschen* sich entwickeln und andere Menschen werden können. Die Evolution ist eine Frage von persönlichen Bemühungen und bleibt, was die große Masse der Menschheit betrifft, eine seltene Ausnahme. Dies klingt vielleicht sehr fremd; wir müssen uns aber darüber klar sein, daß die Evolution nicht nur selten ist, *sondern daß sie immer seltener wird.*

Dies ruft natürlich sehr viele Fragen hervor:

Was bedeutet der Satz: Auf dem Weg der Evolution muß der Mensch ein anderes Wesen werden?

Was bedeutet »ein anderes Wesen«?

Welche Eigenschaften und inneren Qualitäten können im Menschen entwickelt werden, und wie kann man sie erlangen?

Warum können sich nicht alle Menschen entwickeln und andere Wesen werden?

Warum eine solche Ungerechtigkeit?

Ich werde versuchen, diese Fragen zu beantworten, indem ich mit der letzten beginne.

Warum können sich nicht alle Menschen entwickeln und andere Wesen werden?

Die Antwort ist sehr einfach: *Weil sie kein Verlangen danach haben.* Weil sie nichts davon wissen; selbst wenn man es ihnen sagt, werden sie es erst verstehen, wenn sie lange Zeit darauf vorbereitet wurden.

Der Hauptgedanke ist: Um ein *gewandeltes Wesen* zu werden, muß der Mensch dies mit aller Kraft und eine sehr lange Zeit hindurch anstreben. Ein vorübergehender oder vager Wunsch, hervorgegangen aus der Unzufriedenheit über die äußeren Lebensbedingungen, wird keinen genügenden Antrieb schaffen.

Die Evolution des Menschen hängt von seinem Verständnis dafür ab, was er erlangen kann und was er dafür *geben muß.*

Wenn der Mensch es nicht verlangt oder *wenn er es nicht stark genug verlangt* und nicht die nötigen Bemühungen macht, wird er sich nie entwickeln. Daher gibt es hier keinerlei Ungerechtigkeit. Warum sollte ein Mensch etwas bekommen, was er nicht begehrt? Wenn er gezwungen würde, ein anderes Wesen zu werden, obwohl er zufrieden ist, wie er ist, dann wäre dies eine Ungerechtigkeit.

Fragen wir nun: Was bedeutet *ein anderes Wesen?* Wenn wir alle Angaben, die wir über diese Frage sammeln können, untersuchen, so werden wir immer wieder der Behauptung begegnen, daß der Mensch, der ein anderes Wesen wird, viele neue Eigenschaften und Fähigkeiten erlangt, die er zuvor nicht besaß. Diese Versicherung ist allgemein und gehört zu allen Lehren, welche die Idee eines inneren Wachstums des Menschen enthalten.

Aber das genügt nicht. Selbst die genauest detaillierten Beschreibungen dieser neuen Fähigkeiten helfen uns auf keinen Fall zu verstehen, wie sie in Erscheinung treten oder woher sie kommen.

Gewöhnlich fehlt ein Glied in der Kette der allgemein angenommenen Theorien, selbst in jenen, von denen ich gerade sprach und die auf der Idee einer möglichen Evolution des Menschen aufbauen.

Die Wahrheit ist: Vor dem Erlangen *neuer* Eigenschaften und Fähigkeiten, welche der Mensch nicht kennt und noch nicht besitzt, muß er Eigenschaften und Fähigkeiten erwerben, *die er zwar auch nicht besitzt,* die er sich aber zuschreibt, das heißt, die er zu kennen glaubt, die er glaubt verwenden und meistern zu können.

Das ist »das fehlende Kettenglied« *und das ist der wichtigste Punkt.*

Durch den Weg der Evolution, wie zuvor beschrieben, das heißt: Auf einem Weg der Anstrengung und Hilfe muß der Mensch Eigenschaften erwerben, die er schon zu besitzen glaubt, über die er sich aber täuscht.

Um dies besser zu verstehen und um zu wissen, welche neuen Eigenschaften, welche ungeahnten Fähigkeiten der Mensch erlangen kann, und welche zu besitzen er sich einbildet, müssen wir von der allgemeinen Idee ausgehen, die sich der Mensch über sich selbst macht.

Und sogleich befinden wir uns vor einer sehr wichtigen Tatsache: *Der Mensch kennt sich nicht.*

Er kennt weder seine eigenen Grenzen noch seine Möglichkeiten. Er weiß selbst nicht, in welchem großen Ausmaß er sich nicht kennt.

Der Mensch hat viele Maschinen erfunden und weiß, daß manchmal jahrelange ernste Studien nötig sind, um eine komplizierte Maschine zu bedienen oder zu kontrollieren. Aber er vergißt dies, sobald es sich um ihn selbst handelt, obwohl er eine weit kompliziertere Maschine ist als alle jene, die er erfunden hat.

Er ist erfüllt von falschen Ideen über sich selbst. Vor allem ist er sich nicht bewußt, *daß er wirklich eine Maschine ist.*

Was heißt dies: *Der Mensch ist eine Maschine?*

Es bedeutet: Er hat keine *unabhängigen Bewegungen,* weder innerlich noch äußerlich. Er ist eine Maschine, angetrieben von *äußeren Einflüssen und von äußeren Anstößen.* Alle seine Bewegungen, Handlungen, Worte, Ideen, Gefühle, Gemütsstimmungen und Gedanken werden von äußeren Einflüssen verursacht. Von sich aus ist er nur ein Automat mit einer gewissen Ansammlung von Erinnerungen vergangener Erfahrungen und mit einer gewissen Menge von Energie in Reserve.

Wir müssen verstehen, daß der Mensch nichts tun kann.

Aber er gibt sich keine Rechenschaft darüber ab und schreibt sich die *Fähigkeit des Tuns* zu. Das ist die erste der falschen Machtbefugnisse, die er sich zuerkennt.

Dies muß sehr klar verstanden werden. *Der Mensch kann nichts tun.* Alles, was er meint, selbst zu tun, geschieht in Wirklichkeit. Es geschieht genau so, wie »es regnet«, wie »es friert« oder wie »der Wind weht«.

In unserer Sprache gibt es keine unpersönlichen Zeitwörter, die sich auf menschliche Tätigkeiten beziehen können. Wir müssen also weiterhin sagen, daß der Mensch denkt, liest, schreibt, liebt, haßt, Kriege unternimmt, kämpft usw. In Wirklichkeit *geschieht* das alles.

Der Mensch kann weder denken noch sprechen noch sich bewegen wie er will. Er ist eine Marionette, die von unsichtbaren Drähten hierhin und dorthin gezogen wird. Wenn er dies versteht, dann kann er mehr über sich selbst erfahren. Vielleicht werden sich dann auch die Dinge für ihn zu wandeln beginnen. Aber wenn er seine *äußerste Mechanisiertheit* weder hinnehmen noch verstehen kann, oder wenn er sie nicht als eine Tatsache annehmen will, kann er einfach nicht mehr erfahren und die Dinge können sich für ihn nicht wandeln.

Der Mensch ist eine Maschine, aber eine ganz besondere Maschine. Denn, wenn die Umstände geeignet sind und die Maschine gut geführt wird, *kann er wissen, daß er eine Maschine ist.* Und wenn er dies vollständig erfaßt hat, kann er die Mittel finden, um aufzuhören eine Maschine zu sein.

Vor allem soll der Mensch wissen, daß er nicht eine *Einheit* ist — er ist eine Vielheit. Er hat kein Ich, das einheitlich, beständig und unwandelbar wäre. Er wechselt fortwährend. In einem Augenblick ist er eine Person, im nächsten Augenblick ist er eine andere, ein wenig später eine dritte und so weiter, fast endlos fort.

Was im Menschen die Illusion von seiner Einheit und Ganzheit schafft, ist erstens die Empfindung seines physischen Körpers, zweitens *sein Name*, der gewöhnlich nicht wechselt und drittens eine gewisse Anzahl von mechanischen Gewohnheiten, die durch Erziehung in ihn eingepflanzt oder durch Nachahmung erworben sind. Dadurch, daß er stets die gleichen physischen Empfindungen hat, sich immer beim gleichen Namen rufen hört und in sich die Gewohnheiten und Neigungen wiederfindet, die er immer gekannt hat, bildet er sich ein, stets derselbe zu sein.

In Wirklichkeit ist keine Einheit im Menschen, es gibt weder ein alleiniges Befehlszentrum noch ein bleibendes »Ich« oder Ego.

Hier ein allgemeines Schema des Menschen:

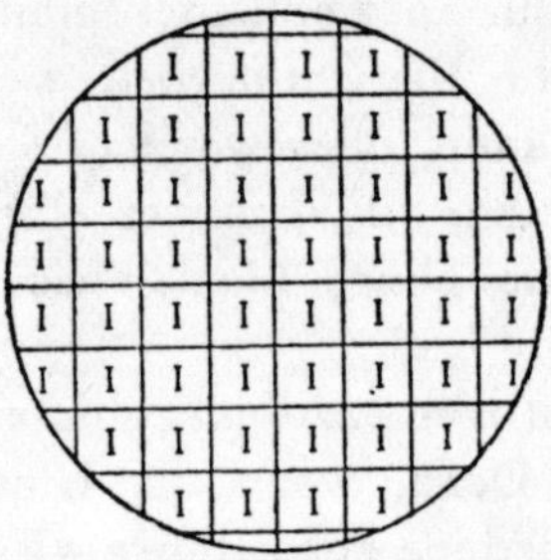

Alle Gedanken, jedes Gefühl, jede Empfindung, jeder Wunsch, jedes »ich mag« oder »ich mag nicht« ist ein »Ich«. Diese »Ichs« sind untereinander nicht verbunden noch irgendwie koordiniert. Jedes von ihnen hängt vom Wechsel der äußeren Umstände ab und von den Änderungen der Eindrücke.

Einige dieser »Ichs« folgen anderen ganz mechanisch, einige erscheinen immer von anderen begleitet. Aber darin liegt weder Ordnung noch System.

Einige »Ich«-Gruppen haben untereinander natürliche Verbindungen. Wir werden von diesen Gruppen später sprechen. Im Augenblick müssen wir zu verstehen versuchen, daß die Verbindungen gewisser Gruppen von »Ich« nur durch zufällige Assoziationen zustande kommen, durch beiläufige Erinnerungen oder durch völlig eingebildete Ähnlichkeiten.

Jedes dieser »Ichs« repräsentiert im gegebenen Augenblick nur einen sehr kleinen Teil unserer Funktionen. Aber jedes von ihnen glaubt, *das Ganze* zu vertreten. Wenn der Mensch »ich« sagt, hat man den Eindruck, daß er von sich als einem Ganzen spricht; aber selbst wenn er glaubt, daß dies zutrifft, handelt es sich in Wirklichkeit nur um einen momentanen Wunsch. Eine Stunde später kann er das vollkommen vergessen haben und mit derselben Überzeugung entgegengesetzte Meinungen, Gesichtspunkte oder Interessen ausdrücken. Das Schlimmste ist, daß er sich dessen gar nicht inne wird. In den meisten Fällen glaubt er an das letzte »Ich«, das gesprochen hat, solange dies gerade andauert, das heißt, bis nicht ein neues »Ich« — oft ohne irgendwelche Verbindung mit dem vorherigen — noch stärker seine Meinung oder seinen Wunsch ausdrückt.

Kehren wir nun zu zwei anderen Fragen zurück:

Was bedeutet »Entwicklung«? Und was heißt: Ein anderes Wesen werden? Mit anderen Worten: Welche Art von Wandlung ist dem Menschen überhaupt *möglich? Wann* und *wie* beginnt diese Wandlung?

Wir haben schon gesagt, daß die Wandlung mit dem Erlangen jener Fähigkeiten und Eigenschaften beginnen soll, die *sich* der Mensch *zuschreibt,* die er aber in Wirklichkeit nicht besitzt.

Das bedeutet: Vor der Erwerbung irgendeiner *neuen* Fähigkeit oder Geschicklichkeit muß der Mensch in sich jene Qualitäten entwickeln, die er zu besitzen *glaubt* und über die er sich die größten Illusionen macht.

Die Entwicklung kann nicht auf Selbst-Belügen beruhen, noch auf Selbsttäuschung fußen. Der Mensch muß wissen, was ihm gehört und was ihm nicht gehört. Er muß sehen, daß er die Fähigkeiten, die er sich zuschreibt, nicht besitzt: *die Fähigkeit zum Tun, die Individualität* oder *Einheit, das bleibende Ich,* sowie *Bewußtsein* und *Willen.*

Es ist unbedingt nötig, daß der Mensch dies weiß. Denn solange er sich einbildet, diese Qualitäten zu besitzen, wird er nie Anstrengungen machen, sie zu erwerben — genausowenig wie ein Mensch wertvolle Gegenstände kaufen und dafür einen hohen Preis zahlen würde, wenn er glaubt, diese schon zu besitzen.

Die wichtigste dieser Eigenschaften und die, über welche man sich am meisten täuscht, ist das *Bewußtsein.* Der Wandel im Menschen beginnt mit der Wandlung in der Art des Verständnisses für die *Bedeutung des Bewußtseins.* Er setzt sich fort mit der schrittweisen Erwerbung der Bewußtseinsbeherrschung.

Was ist Bewußtsein? In der gewöhnlichen Sprache wird das Wort „Bewußtsein" fast immer als Entsprechung zu dem Wort „Intelligenz" gebraucht, im Sinne *von geistiger Aktivität.*

In Wirklichkeit ist das Bewußtsein im Menschen eine sehr besondere Art von »innerem Aufmerken«, unabhängig vom Denkprozeß, vor allem *ein Achtgeben auf sich selbst,* eine Kenntnis davon, *wer er ist, wo er ist;* dann ein Aufmerken auf das, was er weiß und was er nicht weiß und so weiter.

Jeder ist nur selbst fähig zu wissen, ob er zu einem gewissen Zeitpunkt bewußt ist oder nicht. Eine bestimmte Richtung im Gedankengut der europäischen Psychologie hat längst bewiesen, daß nur der Mensch selbst in der Lage ist, gewisse Dinge über sich selbst zu erkennen.

Ein Mensch ist nur selbst fähig zu wissen, ob sein Bewußtsein zu einem gewissen Zeitpunkt besteht oder nicht besteht. Daher kann die Anwesenheit oder die Abwesenheit von Bewußtsein im Menschen durch Beobachtung äußerer Handlungen nicht bewiesen werden. Wie ich eben sagte: Die Tatsache als solche ist schon seit langem bekannt, aber man hat niemals ihre Bedeutung wirklich verstanden. Denn diese Idee wurde immer mit dem Verständnis des Bewußtseins als eines geistigen Vorgangs, einer Denktätigkeit verbunden. Wenn der Mensch erfährt, daß er bis zu dem Augenblick dieser Erfahrung nicht bewußt war, und dann diese Erfahrung vergißt — auch selbst, wenn er sich daran erinnert — ist dies nicht Bewußtsein, sondern nur die Erinnerung an eine starke, eindrucksvolle Erfahrung.

Nun möchte ich Sie auf eine andere Tatsache aufmerksam machen, die aus dem Blickfeld aller modernen psychologischen Schulen verschwunden ist.

Es ist die Tatsache, daß das Bewußtsein der Menschen, in welcher Weise man es auch betrachtet, niemals bleibend ist. Es ist anwesend oder es ist abwesend. Die höchsten Augenblicke des Bewußtseins schaffen *das Gedächtnis.* Die anderen Augenblicke vergißt der Mensch ganz einfach. Gerade das gibt ihm, mehr als alles andere, die Illusion des kontinuierlichen Bewußtseins oder des dauernden Aufmerkens.

Einige moderne Schulen der Psychologie verneinen das Bewußtsein gänzlich, verleugnen sogar die Notwendigkeit eines solchen Ausdrucks; aber dies ist einfach ein Übermaß an Unverständnis. Andere Schulen, vorausgesetzt, daß man ihnen diesen Namen beimessen darf, sprechen von *Bewußtseinszuständen* und meinen damit: Gedanken, Gefühle, Bewegungsantriebe und innere Empfindungen. Diesen allen aber liegt jener Grundirrtum zugrunde, der in der Verwechslung des Bewußtseins mit den psychischen Funktionen besteht. Wir werden davon später sprechen.

In Wirklichkeit beharrt das moderne Denken in den meisten Fällen auf der Vorstellung, *daß das Bewußtsein keine Abstufungen hat.*

Die allgemeine, wenn auch stillschweigende Annahme dieser Idee hat, obwohl sie im Widerspruch mit manchen neuen Entdeckungen steht, viele Untersuchungen über die Veränderungen des Bewußtseins unmöglich gemacht.

Tatsache ist, daß das Bewußtsein gut sichtbare und zu beobachtende Stufen hat, auf jeden Fall sichtbar und beobachtbar für jeden in sich selbst.

Erstens gibt es das Kriterium der Dauer: *Wie lange* ist man bewußt geblieben?

Zweitens das der Häufigkeit: *Wie oft* ist man bewußt geworden?

Drittens das des Umfangs und der Intensität des Bewußtseins: *Wessen war man sich bewußt?* Dies kann sich mit dem inneren Wachstum des Menschen stark verändern.

Wenn wir nur die zwei ersten der drei Punkte ins Auge fassen, so können wir schon die Idee einer möglichen Entwicklung des Bewußtseins verstehen. Sie hängt mit einer sehr wesentlichen Tatsache zusammen, die den alten psychologischen Schulen, wie jenen der Autoren der Philokalie, bekannt war. Von der Philosophie und der Psychologie Europas der zwei oder drei letzten Jahrhunderte aber wird sie vollständig geleugnet.

Es ist die Tatsache, daß man mittels besonderer Bemühungen und eines besonderen Studiums das Bewußtsein beständig und kontrollierbar machen kann.

Ich werde versuchen zu erklären, wie das Bewußtsein erforscht werden kann. Nehmen Sie eine Uhr und schauen Sie den großen Zeiger an, *indem Sie gleichzeitig versuchen, die Wahrnehmung Ihrer selbst zu behalten* und sich zum Beispiel auf folgenden Gedanken konzentrieren: »Ich bin Peter Ouspensky. Ich bin jetzt hier«. Versuchen Sie ausschließlich hieran zu denken, folgen Sie ganz einfach den Bewegungen des großen Zeigers, indem Sie sich Ihrer selbst bewußt bleiben, Ihres Namens, Ihrer Existenz und des Ortes, wo Sie sind. Lassen Sie jeden anderen Gedanken beiseite.

Wenn Sie standhaft sind, können Sie dies *zwei Minuten* lang machen. *Das ist die Grenze Ihres Bewußtseins.* Und wenn Sie dieses Experiment kurze Zeit danach zu wiederholen versuchen, werden Sie es schwieriger finden als das erste Mal.

Dieser Versuch zeigt, daß ein Mensch in seinem gewöhnlichen Zustand mit großer Anstrengung *einer Sache* (seiner selbst) höchstens zwei Minuten lang — oder noch weniger — bewußt sein kann.

Die wichtigste Schlußfolgerung, die man aus diesem Versuch ziehen kann, wenn er richtig ausgeführt wurde, ist, *daß der Mensch seiner selbst nicht bewußt ist.* Die Illusion, seiner selbst bewußt zu sein, wird vom Gedächtnis und dem Denkprozeß geschaffen.

Zum Beispiel: Ein Mensch geht ins Theater. Wenn er daran gewohnt ist, dann ist er sich während seines Dortseins dessen nicht besonders bewußt. Und doch kann er sehen und beobachten; das Schauspiel kann ihn interessieren oder langweilen, er kann sich daran erinnern und auch an die Leute, die er getroffen hat, usw. Wieder zu Hause, besinnt er sich, im Theater gewesen zu sein. Und selbstverständlich meint er, bewußt gewesen zu sein, während er dort war. Folglich zweifelt er keineswegs an seinem Bewußtsein und bemerkt nicht, daß er völlig abwesend sein kann, selbst, wenn er noch vernünftig handelt, denkt und beobachtet.

Ganz allgemein kann der Mensch vier Bewußtseinszustände kennen. *Dies sind: Der Schlaf, der Wachzustand, das Bewußtsein seiner selbst und das objektive Bewußtsein.*

Doch, obwohl er die Möglichkeit hat, diese vier Bewußtseinszustände zu kennen, lebt der Mensch tatsächlich nur in *zwei dieser Zustände:* Ein Teil seines Lebens spielt sich im Schlaf und der andere im sogenannten »Wachzustand« ab, der sich in Wirklichkeit nur wenig vom Schlaf unterscheidet.

Im gewöhnlichen Leben weiß der Mensch nichts vom „objektiven Bewußtsein", und er kann keinerlei Erfahrung dieser Art haben. Den dritten Bewußtseinszustand oder das »Bewußtsein seiner selbst« schreibt sich der Mensch einfach zu; er glaubt, ihn zu besitzen, obwohl er in Wirklichkeit nur in blitzartigen, übrigens sehr seltenen Augenblicken seiner selbst bewußt ist. Und selbst in diesen Augenblicken ist es unwahrscheinlich, daß er diesen Zustand erkennt, weil er nicht weiß, was es bedeutet, ihn wirklich zu besitzen. Diese Schimmer von

Bewußtsein tauchen in außerordentlichen Augenblicken des Lebens auf, bei starken Gemütszuständen, in Momenten großer Gefahr, unter neuen unerwarteten Umständen in unvorhergesehenen Situationen; manchmal auch zu ganz gewöhnlichen Zeitpunkten, wo sich gar nichts besonderes abspielt. In seinem gewöhnlichen Zustand oder »Normalzustand« aber hat der Mensch keinerlei Kontrolle über diese Bewußtseinsmomente.

Was nun unser gewöhnliches Gedächtnis betrifft, oder besser unsere Augenblicke des Gedächtnisses, *so erinnern* wir uns in Wirklichkeit nur an die Momente unseres Bewußtseins, wenn wir auch nicht wissen, daß es sich so verhält.

Später werde ich erklären, was das Gedächtnis — alle verschiedenen Sorten von Gedächtnissen, die wir besitzen — im sachlichen Sinn des Wortes bedeutet. Heute möchte ich nur Ihre Aufmerksamkeit auf die Beobachtung lenken, die Sie über Ihr eigenes Gedächtnis machen können. Sie werden bemerken, daß Sie sich nicht immer in der gleichen Weise an die Dinge erinnern. Es gibt welche, an die Sie sich sehr lebhaft erinnern; andere bleiben unbestimmt, vage; es gibt selbst Dinge, an die Sie sich überhaupt nicht erinnern. *Sie wissen nur, daß sie sich ereignet haben.*

Sie werden sehr erstaunt sein, wenn Sie erkennen, wie wenig Sie sich erinnern. Und dies, *weil Sie sich nur jener Augenblicke erinnern, in denen Sie bewußt waren.*

Um auf diese dritte Stufe des Bewußtseins zurückzukommen: Der Mensch hat zufällige Augenblicke des Bewußtseins seiner selbst, die eine eindringliche, starke Erinnerung an die Umstände und Umgebung zurücklassen, in der sie stattgefunden haben. Aber er hat keine Macht über diese Augenblicke. Sie erscheinen und verschwinden von selbst, bedingt von der Wirkung äußerer Umstände, zufälliger Ideenverbindungen oder von Erinnerungen an starke Gemütsbewegungen.

Die Frage stellt sich: Ist es möglich, die Beherrschung dieser flüchtigen Momente des Bewußtseins zu erlangen, sie öfters hervorzurufen, sie länger zu behalten oder sogar beständig zu erhalten? Mit anderen Worten: *Ist es möglich, bewußt zu werden?*

Dies ist der entscheidende Punkt, und man muß vom Anbeginn des Studiums richtig verstehen, daß dieser Punkt, selbst in der Theorie, allen modernen Schulen der Psychologie *ohne Ausnahme* entgangen ist.

Mit richtigen Methoden und richtigen Bemühungen *kann der Mensch tatsächlich die Kontrolle des Bewußtseins erlangen; er kann seiner selbst bewußt werden,* mit allem, was dies einschließt und was wir uns in unserem jetzigen Zustand nicht einmal vorstellen können.

Erst, wenn dieser Punkt ganz begriffen ist, ist ein ernsthaftes Studium der Psychologie möglich.

Dieses muß mit der Prüfung der Hindernisse beginnen, die sich in uns selbst dem Bewußtsein entgegenstellen. Denn es kann nur zu wachsen beginnen, wenn zumindest einige dieser Hindernisse fortgeräumt wurden.

In den folgenden Vorträgen werde ich über diese Hindernisse sprechen. Das größte ist unsere *Unwissenheit über uns selbst* und unsere trügerische Überzeugung uns, zumindest bis zu einem gewissen Grad, zu kennen und auf uns zählen zu können; in Wirklichkeit kennen wir uns überhaupt nicht und können überhaupt nicht auf uns zählen, nicht einmal in den *kleinsten Dingen.*

Wir müssen also verstehen, daß »Psychologie« wahrhaftig *»Studium seiner selbst«* bedeutet. Das ist die zweite Definition der Psychologie.

Man kann die Psychologie nicht so studieren, wie man die Astronomie studieren würde, das heißt, außerhalb von sich selbst.

Zugleich muß man das Studium seiner selbst vollziehen, so wie man dies bei irgendeiner neuen und komplizierten Maschine tun würde. Man muß die Teile dieser Maschine kennen, ihre Hauptfunktionen, die richtigen Arbeitsbedingungen, die Ursachen einer fehlerhaften Arbeit und eine Menge anderer Dinge, die schwierig zu beschreiben sind. Sie verlangen eine besondere Sprache, die man auch unbedingt kennen muß, wenn man die Maschine studieren will.

Die menschliche Maschine hat sieben verschiedene Funktionen:

1. Das Denken (oder den Intellekt)
2. Das Gefühl (oder die Emotionen)
3. Die instinktive Funktion (die ganze innere Arbeit des Organismus)
4. Die Bewegungsfunktion (oder motorische Funktion, die ganze äußere Arbeit des Organismus, der Bewegung im Raum usw.)
5. Die Geschlechtsfunktion (die Funktion der beiden Prinzipien des männlichen und weiblichen, in allen ihren Manifestationen).

Außer diesen fünf Funktionen gibt es noch *zwei andere,* für welche die gewöhnliche Sprache keinen Namen hat und die ausschließlich auf den höheren Stufen des Bewußtseins in Erscheinung treten: Die eine, *die höhere Gefühlsfunktion,* die im *Zustand des Bewußtseins seiner selbst* erscheint, und die andere, *die höhere Denkfunktion,* die im *Zustand des objektiven Bewußtseins erscheint.*

Da wir uns nicht in diesen Bewußtseinszuständen befinden, können wir diese Funktionen weder studieren noch sie experimentell erfassen; wir erfahren von ihrer Existenz nur auf indirekte Weise durch diejenigen, die sie erlebt haben.

In der religiösen und philosophischen Literatur der verschiedenen Völker findet man vielfältige Andeutungen über die höheren Zustände des Bewußtseins und die höheren Funktionen. Diese sind um so schwerer zu verstehen, da wir keinen Unterschied zwischen den verschiedenen höheren Bewußtseinszuständen machen. Was man *Samadhi*, Zustand der *Ekstase* oder *Erleuchtung*, in neueren Werken auch »Kosmisches Bewußtsein« nennt, kann sich auf den einen oder anderen Zustand beziehen — manchmal auf Erfahrungen des Bewußtseins seiner selbst, manchmal auf Erfahrungen des objektiven Bewußtseins. Und so seltsam dies auch erscheinen mag: Wir haben *mehr* Material, um den höchsten dieser Zustände, *das objektive Bewußtsein*, zu beurteilen, als den Mittelzustand, das *Bewußtsein seiner selbst;* obwohl der erste erst erreicht werden kann, *nachdem* der letzte erlangt wurde.

Das Studium seiner selbst soll mit dem Studium der vier ersten Funktionen beginnen: der intellektuellen, gefühlsbedingten, instinktiven und motorischen. Die sexuelle Funktion kann erst viel später erforscht werden, erst, wenn diese vier Funktionen genügend verstanden worden sind. Im Gegensatz zur Behauptung gewisser moderner Theorien kommt die sexuelle Funktion wirklich erst nach den anderen, das heißt: sie erscheint später im Leben, erst dann, wenn sich die vier ersten Funktionen schon vollständig ausgeprägt haben; sie ist durch *die anderen bedingt*. Folglich ist das Studium der Sexualfunktion nur dann nutzbringend, wenn die vier ersten Funktionen in allen ihren Manifestationen vollständig bekannt sind. Gleichzeitig muß man gut verstehen, daß jede Regelwidrigkeit oder ernste Anomalie der Sexualfunktion jede Entwicklung seiner selbst, *selbst das Studium seiner selbst* unmöglich macht.

Versuchen wir nun, die ersten vier Funktionen zu verstehen: Was ich mit »intellektueller Funktion« oder »Denkfunktion« meine, ist Ihnen, wie ich vermute, klar. Alle geistigen Prozesse sind darin inbegriffen: Wahrnehmung der Eindrücke, Bildung der Vorstellungen und Begriffe, Vernunftschlüsse, Vergleiche, Behauptungen, Verneinungen, Wortbildungen, Sprache, Phantasie usw.

Die zweite Funktion ist das Gefühl oder die Emotionen; Freude, Kummer, Angst, Überraschung und so weiter. Selbst, wenn Sie genau zu verstehen meinen, wie und wodurch die Gefühle sich von den Gedanken unterscheiden, rate ich Ihnen, doch alle Ihre Ansichten über dieses Problem zu überprüfen. In unserer gewohnten Weise der Anschauung und der Sprache verwechseln wir Gedanken und Gefühle; um aber mit dem Studium seiner selbst zu beginnen, ist es notwendig, ihren Unterschied ganz klar festzustellen.

Die zwei folgenden Funktionen, die instinktive und motorische, werden uns länger aufhalten; denn kein System der bekannten Psychologie unterscheidet oder beschreibt diese zwei Funktionen in richtiger Weise.

Die Worte: »Instinkt« und »instinktiv« werden im allgemeinen in einem fehlerhaften Sinn angewendet und sehr oft ohne jeden Sinn. Insbesondere schreibt man dem Instinkt äußere Manifestationen zu, die in Wirklichkeit motorischer, manchmal auch gefühlsbedingter Natur sind.

Die *instinktive Funktion* im Menschen umfaßt vier verschiedene Arten von Funktionen:

1. die ganze innere Arbeit des Organismus, sozusagen die *ganze Physiologie:* die Verdauung und Assimilation der Nahrung, die Atmung und Blutzirkulation — die ganze Arbeit der inneren Organe, den Aufbau neuer Zellen, die Ausscheidung von Abfällen, die Arbeit der innersekretorischen Drüsen und so weiter;
2. die sogenannten fünf Sinne: Gesicht, Gehör, Geschmack, Geruch, Tastsinn und alle anderen, wie Gewichtssinn, Wärmeunterscheidung, Sinn für Trockenheit und Nässe und so weiter. Das heißt alle indifferenten Empfindungen, die an sich weder angenehm noch unangenehm sind;
3. alle Körpergefühle, das heißt alle Empfindungen des Körpers, die *angenehm* oder *unangenehm* sind; alle Arten von Schmerzen und unangenehmen Empfindungen, zum Beispiel einen schlechten Geschmack oder einen unangenehmen Geruch und alle Arten körperlicher Lust, sowie angenehm Schmeckendes, gute Gerüche und so weiter;
4. alle Reflexe, selbst die kompliziertesten wie Lachen und Gähnen; alle Arten von körperlichem Gedächtnis, so wie Erinnerung des Geschmackssinns, der Gerüche, des Schmerzes, die in Wirklichkeit innere Reflexe sind.

Die motorische oder Bewegungsfunktion umfaßt alle äußeren Bewegungen, so wie Gehen, Schreiben, Sprechen, Essen und die bleibenden Erinnerungen daran. Zur Bewegungsfunktion gehören noch jene Gebärden, welche die gewöhnliche Sprache als »instinktiv« bezeichnet, so wie das unwillkürliche, nicht überlegte Auffangen eines Gegenstandes, der hinunterfällt.

Der Unterschied zwischen der instinktiven Funktion und der Bewegungsfunktion ist ganz klar und leicht zu verstehen. Es genügt, sich zu erinnern, daß alle instinktiven Funktionen, ohne Ausnahme, angeboren sind, und daß es nicht notwendig ist, sie zu lernen, um sich ihrer zu bedienen. Dagegen ist keine der Bewegungsfunktionen angeboren; wir mußten sie alle lernen. So lernt das Kind gehen, so lernt man schreiben oder zeichnen.

Außer diesen normalen motorischen Funktionen gibt es noch fremdartige Funktionen der Bewegung, welche die unnötige Arbeit der menschlichen Maschine vertreten. Diese ist von der Natur nicht vorgesehen, nimmt aber einen sehr großen Platz im Leben des Menschen ein und verbraucht eine große Menge seiner Energie. Solche Funktionen sind: Die Bildung der Träume, die Einbildung, die Tagträumerei, das Sprechen mit sich selbst, das Reden um zu reden und, ganz allgemein, alle Erscheinungen, die *unkontrolliert und unkontrollierbar* sind.

Die vier Funktionen — die intellektuelle, gefühlsbedingte, instinktive und motorische — müssen vorerst in allen ihren Erscheinungen verstanden werden; dann muß jeder sie in sich selbst beobachten. Diese Beobachtung seiner selbst, die nach genauen Angaben unternommen werden muß und die das richtige Verständnis der Bewußtseinszustände und der verschiedenen Funktionen voraussetzt, ist die Grundlage des Selbststudiums, das heißt *der Anfang der Psychologie.*

Es ist sehr wichtig, sich daran zu erinnern, daß man zugleich mit verschiedenen Funktionen auch ihre Verbindung mit den verschiedenen Bewußtseinszuständen beobachten muß.

Nehmen wir die drei Bewußtseinszustände: Schlaf, Wachzustand, kurzes Aufleuchten des Bewußtseins seiner selbst und die vier Funktionen: Denken, Fühlen, Instinkt und Bewegung. Diese vier Funktionen können sich im Schlaf abspielen, aber ihre Manifestationen sind dann sinnlos und ohne jeden Zusammenhang; sie können in keiner Weise nützlich angewendet werden, sondern laufen automatisch. Im Zustand des wachen oder relativen Bewußtseins können sie in einem gewissen Grad zu unserer Orientierung dienen. Ihre Ergebnisse können verglichen, geprüft, berichtigt werden, und obwohl sie viele Illusionen hervorrufen können, haben wir doch nur sie in unserem gewöhnlichen Zustand, und wir müssen damit zurechtkommen, so gut es eben geht. Würden wir die Unmenge von falschen Beobachtungen, von falschen Theorien, falschen Schlußfolgerungen und Darlegungen kennen, die in diesem Zustand gemacht werden, dann würden wir gänzlich aufhören, an uns selbst zu glauben. Aber die Menschen sehen nicht, wie irrtümlich ihre Beobachtungen und Theorien sein können und glauben weiter an sie. Gerade das verhindert sie, jene seltenen Momente zu beobachten, in denen ihre Funktionen sich unter der Einwirkung des aufleuchtenden dritten Bewußtseinszustandes, das heißt des Bewußtseins ihrer selbst, offenbaren.

Dies alles bedeutet, daß jede der vier Funktionen sich in jedem der drei Bewußtseinszustände abspielen kann. Aber die Ergebnisse sind völlig verschieden. Wenn wir diese Resultate und ihre Unterschiede beobachten lernen, werden wir die richtigen Zusammenhänge zwischen den Funktionen und den Bewußtseinszuständen verstehen.

Doch bevor wir die Unterschiede betrachten, die eine Funktion, dem jeweiligen Bewußtseinszustand entsprechend, aufweist, ist es notwendig zu verstehen, daß Bewußtsein und Funktionen eines Menschen zwei Phänomene ganz verschiedener Art, ganz verschiedener Natur sind, die von ganz verschiedenen Ursachen abhängen, und daß beide unabhängig voneinander existieren können. *Die Funktionen können ohne das Bewußtsein existieren, und das Bewußtsein kann ohne die Funktionen bestehen.*

Zweiter Vortrag

Wir setzen nun das Studium des Menschen fort, indem wir die verschiedenen Bewußtseinszustände mehr in den Einzelheiten untersuchen.

Wie schon gesagt, gibt es vier mögliche Bewußtseinszustände für den Menschen: den »Schlaf«, das »Wachbewußtsein«, das »Bewußtsein seiner selbst« und das »objektive Bewußtsein«; aber der Mensch lebt nur in zwei dieser Zustände; einesteils im Schlaf und anderenteils in dem, den man manchmal Wachzustand nennt. Er besitzt gleichsam ein Haus mit vier Stockwerken, lebt aber nur in den beiden unteren.

Der erste, unterste Bewußtseinszustand ist der Schlaf, ein ganz subjektiver und passiver Zustand. Der Mensch ist von Träumen umstellt, alle seine psychischen Funktionen arbeiten ohne irgendeine Richtung. Es gibt keine Logik, keinen Zusammenhang, weder Ursache noch Ergebnis in den Träumen. Rein subjektive Bilder — Widerhall von vergangenen Erlebnissen oder Antwort auf unbestimmte Augenblickswahrnehmungen wie Geräusche, die den Schläfer erreichen, körperliche Empfindungen sowie leichte Schmerzen und Wahrnehmungen von Muskelspannung — gehen durch den Sinn und lassen nur winzige Spuren im Gedächtnis zurück — meistens überhaupt keine.

Der zweite Grad des Bewußtseins tritt ein, wenn der Mensch erwacht. Diesen zweiten Zustand, den Zustand, in dem wir uns in diesem Augenblick befinden, das heißt, in dem wir arbeiten, sprechen, uns einbilden bewußte Wesen zu sein usw., nennen wir oft helles Bewußtsein« oder »waches Bewußtsein«; in Wirklichkeit aber müßte er Schlaf im »Wachzustand« oder »relatives Bewußtsein« genannt werden. Dieser Ausdruck soll später erklärt werden.

Es ist hier notwendig zu verstehen, daß der erste Bewußtseinszustand, der Schlaf, nicht beendet ist, wenn der zweite Zustand erscheint, das heißt, wenn der Mensch erwacht. Der Schlaf bleibt bestehen, mit allen seinen Träumen und Eindrücken. Es kommen für den Menschen nur noch eine mehr kritische Haltung gegenüber seinen eigenen Eindrücken, besser koordinierte Gedanken und stärker disziplinierte Handlungen hinzu. Als Folge der Lebendigkeit der Sinneswahrnehmungen, der Wünsche und Gefühle — insbesondere was das Gefühl für Widersprüche und für das Unmögliche betrifft, das im Schlaf gänzlich abwesend ist— werden die Träume unsichtbar, so wie Mond und Sterne unsichtbar werden in der Helligkeit der Sonne. Und doch sind sie alle da und üben oft Einfluß auf die Gesamtheit unserer Gedanken, unserer Gefühle und unserer Handlungen aus, einen Einfluß, der sogar manchmal viel stärker ist, als die wirklichen Wahrnehmungen des Augenblicks.

In diesem Zusammenhang möchte ich gleich bemerken, daß ich hier nicht von dem sogenannten »Unterbewußtsein« oder dem »unterbewußten Denken« der modernen Psychologie spreche. Dies sind ganz einfach irrtümliche Ausdrücke, irrtümliche Worte, die nichts ausdrücken und sich auf keine wirklichen Tatsachen beziehen. Es gibt in uns nichts, was beständig unbewußt wäre, weil es nichts andauernd Bewußtes gibt, und es gibt kein »unterbewußtes Denken«, weil es ganz einfach kein »bewußtes Denken« gibt. Später werden Sie sehen, wie dieser Irrtum aufkam, wie diese falsche Ausdrucksweise auftrat und fast überall angenommen wurde.

Aber kommen wir auf die Bewußtseinszustände zurück, die tatsächlich bestehen. Der erste ist der Schlaf, der zweite ist der »wache Schlaf« oder das »relative Bewußtsein«.

Der erste ist, wie ich schon sagte, ein ganz subjektiver Zustand. Der zweite ist weniger subjektiv; der Mensch unterscheidet hier schon zwischen dem »Ich« und dem »Nicht-Ich«, das heißt: zwischen seinem Körper und den Objekten, die von seinem Körper verschieden sind, und er kann sich besser unter diesen zurechtfinden und ihren Ort wie ihre Eigenschaften feststellen.

Man kann aber nicht sagen, daß der Mensch in diesem Zustand erwacht sei, da er noch stark von Träumen beeinflußt bleibt und er tatsächlich mehr in seinen Träumen als in der Wirklichkeit lebt. Alle Ungereimtheiten und alle Widersprüche der Menschen und des menschlichen Lebens im allgemeinen finden eine Erklärung, wenn wir verstehen, daß die Menschen *im Schlaf leben,* im Schlaf handeln und nicht wissen, daß sie *schlafen.*

Es ist wichtig, sich zu erinnern, daß dies tatsächlich die innere Bedeutung von vielen alten Lehren ist. Die uns am besten bekannte Lehre ist das Christentum oder die Lehre der Evangelien, in der alle Erklärungen des menschlichen Lebens auf der Idee fußen, daß die Menschen im Schlaf leben und vor allem erst erwachen müssen; doch wird dieser Gedanke sehr selten so verstanden, wie er sein sollte, nämlich wortwörtlich.

Die Frage aber ist: *Wie* kann ein Mensch aufwachen? Die Lehre der Evangelien fordert das Erwachen, sagt aber nicht, wie es geschehen kann.

Das psychologische Studium des Bewußtseins zeigt, daß man nur von dem Augenblick an, wo der Mensch erkennt, daß er schläft, sagen kann, er sei auf dem Weg des Erwachens. Er wird niemals aufwachen können, bevor er nicht erkannt hat, daß er schläft.

Diese zwei Zustände: der Schlaf und der wache Schlaf, sind die einzigen Zustände, in denen der Mensch lebt. Außer diesen beiden kann der Mensch noch zwei andere Bewußtseinszustände erlangen, aber dies nur nach einem harten und langandauernden Ringen.

Diese beiden höheren Bewußtseinszustände werden »Bewußtsein seiner selbst« und »objektives Bewußtsein« genannt.

Gewöhnlich meinen wir, das Bewußtsein unserer selbst zu besitzen; wir glauben, daß wir unserer selbst bewußt sind oder, daß wir auf jeden Fall unserer selbst bewußt sein könnten, wann immer wir es wünschen; aber in Wirklichkeit ist das »Bewußtsein unserer selbst« ein Zustand, *den wir uns ohne die geringste Berechtigung zuschreiben.* Was das objektive Bewußtsein betrifft, so ist dies ein Zustand, von dem wir nichts wissen.

Das Bewußtsein seiner selbst ist ein Zustand, in dem der Mensch objektiv gegenüber sich selbst wird, und das objektive Bewußtsein ist ein Zustand, in dem der Mensch einen Kontakt mit der realen und objektiven Welt erlangt, von der er jetzt getrennt ist durch die Sinne, die Träume und die subjektiven Bewußtseinszustände.

Eine andere Definition der vier Bewußtseinszustände kann gegeben werden im Hinblick auf die Möglichkeiten, die sie bieten, um *die Wahrheit zu erkennen.*

Im ersten Bewußtseinszustand, dem Schlaf, können wir nichts von der Wahrheit wissen. Selbst wenn Wahrnehmungen oder wirkliche Gefühle an uns herankommen, vermengen sie sich mit den Träumen; und in diesem Schlafzustand können wir die Träume von der Wirklichkeit nicht unterscheiden.

Im zweiten Bewußtseinszustand, das heißt, im wachen Schlaf, können wir nur eine *relative* Wahrheit kennen — daher der Ausdruck relatives Bewußtsein.

Im dritten Bewußtseinszustand, das heißt im Bewußtsein unserer selbst, können wir die ganze Wahrheit *über uns selbst* kennen.

Im vierten Bewußtseinszustand, dem Zustand des *objektiven Bewußtseins* ist der Mensch fähig, die völlige Wahrheit *über alle Dinge* zu kennen. Er kann »die Dinge an sich erfahren, »die Welt so wie sie ist«.

Dieser Zustand ist so weit von uns entfernt, daß wir nicht einmal in einer richtigen Weise an ihn denken können; wir müssen zu verstehen suchen, daß selbst Schimmer des objektiven Bewußtseins nur dann kommen können, wenn der Zustand des Bewußtseins unserer selbst vollkommen verwirklicht wurde.

Im Schlafzustand können wir Schimmer des relativen Bewußtseins haben. Im Zustand des relativen Bewußtseins können wir Schimmer des Bewußtseins unserer selbst haben. Aber wenn wir längere Perioden des Bewußtseins unserer selbst erfahren wollen, und nicht nur kurze Schimmer, dann kann dies — und das müssen wir verstehen — nicht von selbst geschehen. Es erfordert einen *Willensakt*.

Dies besagt, daß die Häufigkeit und die Dauer der Augenblicke des Bewußtseins seiner selbst von der Macht abhängen, die man über sich selbst hat. Hieraus folgt, daß Bewußtsein und Wille fast ein- und dasselbe sind, oder, auf jeden Fall, Erscheinungen ein- und derselben Sache.

Nun müssen wir verstehen, daß das erste Hindernis auf dem Weg zur Entwicklung des Bewußtseins seiner selbst die Überzeugung des Menschen ist, dieses Bewußtsein schon zu besitzen oder zumindest es in dem Augenblick haben zu können, in dem er es wünscht. Es ist sehr schwer, einen Menschen davon zu überzeugen, daß er nicht bewußt ist, und daß er nicht nach Belieben bewußt werden kann. Dies ist besonders schwer, da ihm die Natur hier einen sehr seltsamen Streich spielt.

Fragen Sie einen Menschen, ob er bewußt ist oder sagen sie ihm, er sei nicht bewußt, so wird er Ihnen antworten, daß er vollständig bewußt sei und es absurd wäre zu sagen, er sei nicht bewußt, da er Sie doch höre und verstehe.

Und er wird vollkommen recht haben, aber ebenso völlig unrecht. Das ist der Streich, den ihm die Natur spielt. Er wird recht haben, weil Ihre Frage oder Ihre Bemerkung ihn für einen Augenblick mehr oder weniger bewußt gemacht hat. Einen Augenblick später wird das Bewußtsein wieder verschwinden. Aber er wird sich an das erinnern, was Sie ihm sagten und was er geantwortet hat, und er wird sicherlich glauben, bewußt zu sein.

In Wirklichkeit erfordert das Erlangen des Bewußtseins eine lange und harte Arbeit. Wie könnte sich ein Mensch dieser Arbeit hingeben, wenn er glaubt, die Sache selbst schon zu besitzen, die man ihm als Ergebnis einer harten und langen Arbeit verspricht? Selbstverständlich wird der Mensch diese Arbeit nicht unternehmen und er wird sie nicht als eine Notwendigkeit betrachten, solange er nicht die Überzeugung gewonnen hat, daß er *weder* das Bewußtsein seiner selbst hat, *noch* all das, was damit in Zusammenhang steht, wie Einheit oder Individualität, ein beständiges »Ich« und den Willen.

Dies führt uns zur Frage der Schulen. Tatsächlich können die Methoden der Entwicklung des *Bewußtseins seiner selbst, der Einheit, des bleibenden »Ich«* und *des Willens* nur von besonderen Schulen gegeben werden. Wir müssen dies klar verstehen. *Die Menschen, die auf der Stufe des relativen Bewußtseins stehen, können von sich aus diese Methoden nicht entdecken* und diese Methoden können weder in Büchern beschrieben, noch in gewöhnlichen Schulen gelehrt werden — aus dem einfachen Grund, weil sie für jeden verschieden sind und weil es keine universale Methode gibt, die in gleicher Weise für alle anwendbar ist.

Das bedeutet mit anderen Worten, daß die Menschen, die ihren Bewußtseinszustand wandeln wollen, eine Schule benötigen. Aber vor allem müssen sie sich klar darüber werden, *daß* sie eine benötigen. Solange sie glauben, etwas aus sich selbst vollbringen zu können, vermögen sie keinerlei Vorteil aus einer Schule zu ziehen, selbst wenn sie eine finden. Die Schulen bestehen nur für solche, die sie benötigen und die wissen, daß sie sie nötig haben.

Der Begriff der Schule — das Studium der verschiedenen möglichen Arten von Schulen, das Studium der Grundsätze und Methoden der Schule — nimmt einen sehr wichtigen Platz im Studium jener Psychologie ein, die auf der Idee der Evolution gründet. Denn ohne

Schule kann es keinerlei Evolution geben. Es ist sogar unmöglich, auch nur den ersten Schritt zu tun, denn man weiß nicht, wie man ihn tun soll. Noch weniger kann man fortschreiten oder auch nur irgend etwas erreichen.

Das bedeutet: Nachdem man sich von der ersten Illusion befreit hat — nämlich jener, schon alles zu haben, was man haben kann —, muß man sich von der zweiten Täuschung freimachen, die meint, etwas aus sich selbst erreichen zu können. Denn aus sich selbst kann man nichts erreichen.

Diese Vorträge sind keine Schule — nicht einmal der Beginn einer Schule. Eine Schule erfordert einen viel stärkeren Druck zur Arbeit. Aber in diesen Vorträgen kann ich denen, die zuhören wollen, einige Vorstellungen über die Art und Weise geben, wie Schulen arbeiten und ihnen sagen, wie man sie entdecken kann.

Ich habe schon zwei Definitionen der Psychologie gegeben.

Zuerst, daß die Psychologie das Studium der möglichen Evolution des Menschen ist, dann: daß die Psychologie das Studium seiner selbst ist.

Ich wollte damit sagen, daß allein die Psychologie, welche die Evolution des Menschen erforscht, wert ist, studiert zu werden, und daß die Psychologie, die sich nur mit einer Phase des Menschen befaßt, ohne etwas von seinen anderen Phasen zu kennen, ganz bestimmt unvollständig ist und keinen Wert haben kann, selbst von einem rein wissenschaftlichen Standpunkt, das heißt, vom Standpunkt des Experimentes und der Beobachtung aus. In Wirklichkeit besteht die gegenwärtige Phase, so wie sie die gewöhnliche Psychologie erforschte, gar nicht für sich getrennt und enthält viele Unterabteilungen, die von den niederen Phasen zu den höheren Phasen reichen. Weiterhin zeigt die gleiche Erfahrung und Beobachtung, daß man die Psychologie nicht wie irgendeine andere Wissenschaft studieren kann, die keine direkte Beziehung zu uns selbst hat. Man muß das Studium der Psychologie beginnen, indem man von sich selbst ausgeht.

Wenn wir zusammenfassen: einerseits das, was wir von der nächsten Evolutionsphase des Menschen wissen können — im Laufe derer er das Bewußtsein, die innere Einheit, ein bleibendes Ich, und den Willen erlangen wird — und andererseits gewisse Gegebenheiten der Selbstbeobachtung, die uns erkennen lassen, daß wir keine dieser Fähigkeiten und Eigenschaften, die wir uns zuschreiben, besitzen, dann stoßen wir auf eine neue Schwierigkeit in unserem Bemühen, die Bedeutung der Psychologie zu verstehen. Und wir fühlen die Notwendigkeit einer neuen Definition.

Die beiden Definitionen, die zuvor gegeben wurden, genügen nicht, weil der Mensch nicht weiß, welche Evolution ihm möglich ist, weil er nicht sieht, wo er sich im Augenblick befindet und sich Charakterzüge zuschreibt, die zu den höheren Phasen der Evolution gehören. Tatsächlich kann er sich nicht erforschen, weil er unfähig ist, zwischen dem Eingebildeten und dem Wirklichen in sich zu unterscheiden.

Was heißt lügen?

In der gewöhnlichen Sprache heißt lügen: die Wahrheit entstellen, oder die Wahrheit verbergen, oder was man in gewissen Fällen dafür hält. Diese Art von Lüge spielt eine sehr wichtige Rolle im Leben. Es gibt aber viel schlimmere Formen der Lüge, jene, deren sich der Mensch bedient, ohne zu wissen, daß er lügt. Ich habe Ihnen schon gesagt, daß wir die Wahrheit in unserem jetzigen Zustand nicht kennen können, und dies nur möglich ist im Zustand des objektiven Bewußtseins. Wie können wir also lügen? Es scheint da ein Widerspruch zu bestehen, aber in Wirklichkeit ist es gar keiner. Wir können die Wahrheit nicht kennen, aber wir können uns den Anschein geben, als sei dies der Fall. *Und genau das ist lügen.* Die Lüge erfüllt unser ganzes Leben. Man gibt sich den Anschein, vielerlei zu wissen: über Gott, über das zukünftige Leben, über das Universum, über den Ursprung des Menschen, über die Evolution, über alles; aber in Wirklichkeit weiß man nichts, auch nichts über sich selbst. Und jedesmal, wenn die Menschen über etwas sprechen, was sie nicht wissen, *so als ob sie es wüßten, lügen sie.* Folglich ist das Studium der Lüge von großer Wichtigkeit in der Psychologie.

Es könnte sogar zu einer dritten Definition der Psychologie führen: *Psychologie ist das Studium der Lüge.*

Die Psychologie achtet ganz besonders auf die Lügen des Menschen über sich selbst. Diese Lügen machen das Studium des Menschen sehr schwierig. Der Mensch, so wie er ist, ist keine echte Ware. Er ist die Nachahmung von etwas, und sogar eine sehr schlechte Nachahmung.

Stellen Sie sich vor, ein Gelehrter eines sehr fernen Planeten erhält von der Erde Muster von künstlichen Blumen, *ohne etwas von wirklichen Blumen zu wissen.* Es wird für ihn äußerst schwierig sein, diese zu definieren, ihre Form zu erklären, ihre Farben, die Stoffe, aus denen sie angefertigt sind — Baumwolle, Draht, Buntpapier — und sie irgendwie einzuordnen.

Im Hinblick auf den Menschen befindet sich die Psychologie in einer ganz ähnlichen Lage. Sie muß einen künstlichen Menschen studieren, ohne den wirklichen Menschen zu kennen.

Es liegt auf der Hand, daß es nicht leicht ist, ein Wesen wie den Menschen zu studieren, der selbst nicht weiß, was Wahrheit und was Einbildung in ihm ist. So muß die Psychologie beginnen, eine Unterscheidung aufzustellen zwischen dem Wirklichen und dem Eingebildeten im Menschen.

Es ist unmöglich, den Menschen als Ganzes zu studieren, weil dieser in zwei Teile getrennt ist: in einen Teil, der in gewissen Fällen fast *völlig wirklich* und in einen Teil, der in gewissen Fällen fast *vollkommen eingebildet* sein kann. Bei der Mehrheit der gewöhnlichen Menschen sind diese beiden Teile vermischt, und es ist nicht leicht, sie zu unterscheiden, obwohl beide anwesend sind und ihre ganz besondere Bedeutung und besondere Wirkung haben.

In dem System, das wir studieren, werden diese beiden Teile *Wesenskern* und *Persönlichkeit* genannt.

Der Wesenskern ist das, was dem Menschen *angeboren* ist.

Die Persönlichkeit ist das, was *erworben* wurde.

Der Wesenskern ist sein wirkliches Eigentum; es ist das, was ihm gehört. Die Persönlichkeit ist das, *was ihm nicht gehört*. Der Wesenskern kann nicht verlorengehen; er kann nicht so schnell gewechselt oder vermindert werden wie die Persönlichkeit. Die Persönlichkeit kann unter dem Wechsel von Umständen fast gänzlich verändert werden; sie kann verlorengehen, oder mit Leichtigkeit geschädigt werden.

Wenn ich zu beschreiben suche, was der Wesenskern

ist, so muß ich vor allem sagen, daß er die Grundlage der physischen und psychischen Struktur des Menschen ist. Zum Beispiel hat der eine Mensch von Natur aus ein sogenanntes seemännisches Stehvermögen, der andere hat es nicht; der eine hat ein musikalisches Gehör, der andere nicht; ein dritter hat eine Sprachbegabung, ein anderer hat sie nicht. Das ist der Wesenskern.

Die Persönlichkeit ist alles das, was auf die eine oder andere Weise — in der üblichen Sprache »bewußt« oder »unbewußt« — *erlernt* werden kann. In den meisten Fällen heißt »unbewußt«: durch Nachahmung. Tatsächlich spielt die Nachahmung eine sehr wichtige Rolle im Aufbau der Persönlichkeit. Selbst in den instinktiven Funktionen, die von Natur aus frei von der Persönlichkeit sein sollten, gibt es gewöhnlich viele sogenannte „erworbene Neigungen«, das heißt, alle Arten von künstlichem: »Ich mag gern« und: »Ich mag nicht«, alle durch Nachahmung oder Einbildung erworben. Diese künstlichen »Ich mag gern« und »Ich mag nicht« spielen eine sehr wichtige und verderbliche Rolle im Leben des Menschen. Von Natur aus sollte der Mensch das gern haben, was gut für ihn ist und verabscheuen, was schlecht für ihn ist. Dies trifft aber nur solange zu, wie der Wesenskern über die Persönlichkeit herrscht, was der Fall sein sollte; d. h. solange der Mensch gesund und normal ist. Wenn aber die Persönlichkeit anfängt, über den Wesenskern zu herrschen und der Mensch schon weniger gesund ist, beginnt er zu lieben, was schlecht für ihn ist und zu verabscheuen, was gut für ihn ist.

Wir berühren hier etwas, das im Verhältnis von Wesenskern und Persönlichkeit besonders stark der Gefahr einer Verfälschung ausgesetzt ist.

Normalerweise soll der Wesenskern über die Persönlichkeit herrschen; dann kann die Persönlichkeit sehr nützlich sein. Aber wenn die Persönlichkeit über den Wesenskern herrscht, hat dies die schlimmsten Folgen.

Man muß verstehen, daß auch die Persönlichkeit notwendig für den Menschen ist; wir können ohne Persönlichkeit mit unserem Wesenskern allein nicht leben, aber Wesenskern und Persönlichkeit müssen gleichmäßig wachsen und das eine darf niemals das andere überwiegen.

Die Fälle, wo der Wesenskern die Persönlichkeit überwiegt, können bei Menschen ohne Kultur angetroffen werden; diese sogenannten »einfachen« Menschen können gut und sogar intelligent sein, aber sie sind unfähig sich so zu entwickeln wie jene, die eine ausgeprägte Persönlichkeit haben.

Die Fälle, in denen die Persönlichkeit stärker ist als der Wesenskern, kann man oft unter den gebildeten Leuten finden. Der Wesenskern verbleibt dann in einem Zustand des halben Erwachsenseins oder der unvollkommenen Entwicklung.

Wenn sich die Persönlichkeit schnell und frühzeitig entwickelt, kann praktisch das Wachstum des Wesenskerns in sehr jungen Jahren zum Stillstand kommen, mit dem Ergebnis, daß wir dann Männer und Frauen sehen, die scheinbar erwachsen sind, deren Wesenskern aber im Alter von zehn oder zwölf Jahren stehengeblieben ist.

Sehr viele Umstände des modernen Lebens begünstigen diese Unterentwicklung des Wesenskerns. Zum Beispiel kann die übertriebene Vorliebe für den Sport — *besonders für den sportlichen Wettkampf* — sehr wohl die Entwicklung des Wesenskerns aufhalten; manchmal schon in einem so jugendlichen Alter, daß in der Folge der Wesenskern niemals mehr fähig ist, sich weiter zu entwickeln.

Dies zeigt, daß man den Wesenskern nicht so betrachten kann, als bezöge er sich nur auf die körperliche Konstitution im einfachen Sinn dieses Begriffs. Um deutlicher zu erklären, was der Wesenskern bedeutet, muß ich noch einmal auf das Studium der Funktionen zurückkommen.

Ich habe im vorhergehenden Vortrag gezeigt, daß das Studium des Menschen mit dem Studium der vier Funktionen beginnt: der intelektuellen, der emotionellen oder gefühlsbedingten, der motorischen und instinktiven. Wir wissen von der üblichen Psychologie und dem gewöhnlichen Denken, daß die intellektuellen Funktionen Gedanken und weiteres von einem bestimmten *Zentrum* erhalten und kontrolliert werden, das man »Geist«, »Intellekt« oder »Gehirn« nennt. Das ist auch ganz richtig. Damit es aber vollkommen richtig ist, müssen wir verstehen, daß auch die anderen Funktionen von einem eigenen Gehirn oder Zentrum kontrolliert werden, das für jede Funktion gesondert existiert. Folglich gibt es — vom Standpunkt dieser Lehre aus — vier Gehirne oder Zentren, die unsere gewöhnlichen Handlungen kontrollieren: das Gehirn oder das intellektuelle Zentrum, das emotionelle oder Gefühlszentrum, das motorische oder Bewegungszentrum und das instinktive Zentrum. Wenn wir diese in der Folge erwähnen, werden wir sie immer *Zentren* nennen. Jedes Zentrum ist vollkommen unabhängig von den anderen, besitzt seinen eigenen, besonderen Aktionskreis, seine eigenen Fähigkeiten und seine eigene Art und Weise der Entwicklung.

Die Zentren, das heißt ihre Struktur, ihre Fähigkeiten, ihre starken Seiten und ihre schwachen Punkte, gehören zum Wesenskern. Ihr *Inhalt*, das heißt alles, was ein Zentrum erwirbt, gehört zur Persönlichkeit. Dieser Inhalt der Zentren soll später erklärt werden.

Wie ich schon sagte, ist für die Entwicklung des Menschen die Persönlichkeit ebenso notwendig wie der Wesenskern. Aber sie muß auf ihrem Platz bleiben. Das ist fast unmöglich, weil die Persönlichkeit voll von falschen Ideen über sich selbst ist. Sie will niemals auf ihrem Platz bleiben, weil ihr wahrer Platz ein zweitrangiger und untergeordneter ist und sie will die Wahrheit über sich selbst nicht kennen. Denn die Wahrheit würde für sie bedeuten, daß sie ihre widerrechtlich erlangte beherrschende Stellung aufgeben und die untergeordnete Stellung, die ihr in Wirklichkeit zukommt, einnehmen müßte.

Die falsche Situation, in der sich Wesenskern und Persönlichkeit in ihrem Verhältnis zueinander befinden, bewirkt den Mangel an Harmonie im gegenwärtigen Zustand des Menschen. Das einzige Mittel, um aus dieser Disharmonie herauszukommen, ist die Kenntnis seiner selbst.

Kenne Dich selbst — Dies war der erste Grundsatz, die erste Forderung aller alten Schulen der Psychologie. Wir erinnern uns zwar noch an diese Worte, aber wir haben ihren Sinn verloren. Wir denken, daß das »Kennen-unserer-selbst« bedeutet: unsere Eigentümlichkeiten, unsere Begierden, unsere Neigungen, unsere Fähigkeiten und unsere Absichten zu kennen; in Wirklichkeit bedeutet es dagegen, daß wir uns als Maschine kennen. Das heißt, daß wir die *Struktur* unserer Maschine kennen, ihre *Teile*, die Funktionen der verschiedenen Teile, die Bedingungen, die ihre Arbeit bestimmen und so weiter. Ganz allgemein begreifen wir, daß wir keine Maschine verstehen können, ohne sie vorher gründlich untersucht zu haben. Daran müssen wir uns erinnern, wenn es sich um uns selbst handelt und müssen unsere eigene Maschine als Maschine studieren. Das Mittel für dieses Studium ist die *Selbstbeobachtung*. Es gibt kein anderes Mittel und niemand kann diese Arbeit an unserer Stelle machen. Wir müssen sie selbst tun. Aber zuerst müssen wir lernen, *wie man beobachtet*. Ich will damit sagen, daß wir die technische Seite der Beobachtung verstehen müssen; wir müssen wissen, daß es notwendig ist, die *verschiedenen Funktionen* zu beobachten und sie voneinander zu unterscheiden und uns gleichzeitig erinnern, was wir von den *verschiedenen Bewußtseinszuständen* wissen, von *unserem Schlaf* und von den vielen »Ichs«, die in uns sind.

Solche Beobachtungen werden sehr schnell zu Ergebnissen führen. Zuerst wird der Mensch bemerken, daß er nichts, was er in sich selbst vorfindet, *unparteiisch* beobachten kann. Gewisse Züge werden ihm gefallen, andere werden ihm mißfallen, werden ihn irritieren oder ihn sogar erschrecken. Dies kann nicht anders sein. Der Mensch kann sich nicht studieren, als ob er ein weit entfernter Stern wäre oder irgendein seltenes Fossil. Ganz natürlich wird er das bevorzugen, was seine Entwicklung fördert und das verabscheuen, was seine Entwicklung schwieriger oder gar unmöglich macht. Das besagt, daß er kurze Zeit, nachdem er begonnen hat, sich zu beobachten, die nützlichen und die schädlichen Züge in sich unterscheiden kann, das heißt nützlich und schädlich vom Standpunkt einer möglichen Kenntnis seiner selbst, eines möglichen Erwachens und einer möglichen Evolution. Er wird in sich unterscheiden, was bewußt und was nicht bewußt werden *kann* und *ausgeschaltet werden muß.* Bei dieser Selbstbeobachtung wird er niemals vergessen dürfen, daß das Studium seiner selbst der erste Schritt zu seiner möglichen Evolution ist.

Wir müssen nun untersuchen, welches die schädlichen Züge sind, die der Mensch in sich vorfindet.

Ganz allgemein gesprochen sind es alle mechanischen Erscheinungen. Wie schon festgestellt, ist die erste das *Lügen.* Im automatischen Leben ist die Lüge unvermeidlich. Niemand kann ihr entkommen, und je mehr wir glauben, frei von Lüge zu sein, desto mehr beherrscht sie uns. *Das Leben, so wie es ist,* könnte ohne Lüge nicht existieren. Von einem psychologischen Standpunkt aus gesehen aber hat die Lüge einen anderen Sinn. *Sie bedeutet, von Dingen, die man nicht kennt, die man nicht kennen kann, so zu sprechen, als ob man sie kennen würde und als ob man sie kennen könnte.*

Sie müssen gut verstehen, daß ich mich nicht auf einen moralischen Standpunkt irgendeiner Art stelle. An die Frage, was gut und was schlecht an sich ist, sind wir noch gar nicht herangekommen. Ich stelle mich auf einen ganz praktischen Standpunkt und spreche nur von dem, was nützlich und schädlich ist für das Studium seiner selbst und zur Entwicklung seiner selbst.

Auf diese Weise lernt der Mensch sehr schnell die Zeichen entdecken, die ihm ermöglichen, in sich selbst schädliche Erscheinungen zu erkennen. Er entdeckt folgendes: *Je mehr er eine Erscheinung kontrolliert, umso weniger schädlich ist sie* und je weniger er sie kontrolliert, d. h. je automatischer sie ist, desto schädlicher kann sie werden.

Wenn der Mensch dies versteht, hat er Angst zu lügen. Noch einmal: nicht aus moralischen Gründen, sondern weil er seine Lüge nicht kontrollieren kann und die Lüge stattdessen ihn, das heißt, seine anderen Funktionen, kontrolliert.

Der zweite gefährliche Zug, den er in sich vorfindet, ist die Phantasie oder Einbildung. Nachdem er begonnen hat, sich selbst zu beobachten, muß er sehr schnell feststellen, daß das Haupthindernis für die Beobachtung die Phantasie ist. Er will etwas beobachten, stattdessen bemächtigt sich dieser Sache die Phantasie und er vergißt zu beobachten.

Er wird sich bald darüber klar sein, daß man dem Wort Phantasie einen erkünstelten, keinesfalls gerechtfertigten Sinn gibt, nämlich den einer *schöpferischen oder selektiven Fähigkeit.* Er erfährt, daß sie eine *zerstörende Kraft* ist, daß er sie in keiner Weise kontrollieren kann, und daß sie ihn *immer* weit fortführt von seinen mehr bewußten Entscheidungen und zwar in eine Richtung, in die er nicht gehen wollte.

Die Phantasie ist fast ebenso verderblich wie die Lüge; sie ist tatsächlich ein Sichselbst-belügen. Der Mensch stellt sich etwas vor, um Anregendes zu erfahren und beginnt sehr schnell, dieses Phantasiegebilde zumindest teilweise zu glauben.

Weiterhin, manchmal sogar schon am Anfang, entdeckt man die gefährlichen Folgen, die das *Ausdrücken der negativen Gefühle* haben kann. Der Begriff »negative Gefühle« bezeichnet alle Emotionen der Gewaltsamkeit oder Niedergeschlagenheit: Mitleid mit sich selbst, Zorn, Verdächtigung, Angst, Widerspruch, Langeweile, Mißtrauen, Eifersucht und so fort. Gewöhnlich nimmt man den Ausdruck der negativen Gefühle als etwas ganz Natürliches und Notwendiges an. Sehr oft nennt man ihn »Aufrichtigkeit«, selbstverständlich hat solches nichts mit Aufrichtigkeit zu tun; es ist ganz einfach ein Zeichen menschlicher Schwäche, ein Zeichen von schlechter Laune und von Unfähigkeit, seine eigenen Beschwerden für sich zu behalten. Der Mensch versteht das, wenn er sich bemüht, seinen negativen Gefühlen Widerstand zu leisten. Hierdurch gewinnt er eine neue Erfahrung. Er sieht, daß es nicht genügt, die automatischen Erscheinungen zu beobachten; man muß ihnen auch widerstehen, weil man ohne Widerstand sie nicht beobachten kann. Ihr Auftreten ist so schnell, so gewohnt und so unmerklich, daß es unmöglich ist, sie zu bemerken, wenn man nicht genügend Anstrengungen macht, um ihnen Hindernisse zu schaffen.

Wenn man den Ausdruck der negativen Gefühle entdeckt hat, wird man bei sich selbst und bei anderen noch auf einen anderen mechanischen Zug stoßen. Es ist der Drang zu *reden*. Die Tatsache zu reden ist an sich nichts Übles. Aber bei gewissen Menschen und ganz besonders bei denen, die es am wenigsten bemerken, wird dies zu einem wirklichen *Laster*. Sie reden die ganze Zeit, wo immer sie sich befinden — bei der Arbeit, auf der Reise, selbst beim Schlafen. Sie hören nie auf zu reden, wenn sie mit jemandem reden können und wenn niemand da ist, sprechen sie mit sich selbst.

Auch hier darf man nicht nur beobachten, sondern sollte nach Möglichkeit Widerstand leisten. Wenn man sich widerstandslos reden läßt, kann man nichts beobachten, oder die Beobachtungen lösen sich sofort in Geschwätz auf.

Die Schwierigkeiten, die der Mensch empfindet, wenn er diese vier Erscheinungsformen beobachtet — Lüge, Phantasie, Ausdruck negativer Gefühle, unnötiges Reden — zeigen ihm sein vollständiges Mechanisiertsein und die Unmöglichkeit, ohne Hilfe dagegen anzukämpfen, das heißt, ohne neues Wissen und ohne direkten Beistand. Denn selbst, wenn ein Mensch gewisse Hinweise bekommen hat, vergißt er, sich ihrer zu bedienen. Er vergißt sich zu beobachten, d. h. er fällt in den Schlaf zurück und muß immer wieder aufgeweckt werden.

Dieses ständige »In-den-Schlaf-fallen« zeigt bestimmte Merkmale, von welchen die gewöhnliche Psychologie nichts weiß, die sie zumindest weder definieren noch einordnen kann. Diese Merkmale erfordern ein besonderes Studium.

Es handelt sich um zwei Gesichtspunkte: Der erste heißt *Identifizierung*.

Die »Identifizierung« ist ein merkwürdiger Zustand, in dem der Mensch mehr als die Hälfte seines Lebens verbringt. Er »identifiziert« sich mit allem: mit dem, was er sagt, mit dem, was er weiß, mit dem, was er glaubt, mit dem, was er nicht glaubt, mit seinen Begierden, mit dem, was ihm nicht erwünscht ist, was ihn anzieht oder was ihn abstößt. Alles saugt ihn auf, und er ist nicht fähig, sich von der Idee, von dem Gefühl oder von dem Gegenstand zu trennen, der ihn verschlingt. Dies besagt, daß der Mensch im Zustand der Identifizierung unfähig ist, den Gegenstand seiner Identifizierung unparteiisch zu betrachten. Es ist schwierig, etwas zu finden, sei es noch so klein, mit dem der Mensch sich nicht identifizieren könnte. Gleichzeitig hat er im Zustand der Identifizierung weniger denn je eine Kontrolle über seine mechanischen Reaktionen. Erscheinungsformen wie die der Lüge, der Phantasie, des Ausdrucks negativer Gefühle und des ständigen Schwätzens erfordern *Identifizierung*. Sie können ohne diese nicht bestehen. Wenn der Mensch sich von ihr befreien könnte, würde er sich von vielen unnötigen und törichten Erscheinungen befreien.

In der Philokalia, von der wir im ersten Vortrag gesprochen haben, ist die Identifizierung, ihre Bedeutung, ihre Ursachen und Ergebnisse äußerst genau beschrieben. In der modernen Psychologie aber wird man nicht die leiseste Spur des Verständnisses für diesen Gesichtspunkt finden. Dies ist eine völlig vergessene »psychologische Entdeckung«.

Der zweite Gesichtspunkt, den der Schlaf hervorbringt und der der Identifizierung sehr nahe kommt, ist der Zustand des »Sich-Richtens«. »Sich-Richten« heißt, sich mit den Leuten identifizieren. Es ist ein Zustand, in dem sich der Mensch fortwährend darüber Sorgen macht, was die Leute von ihm denken. Behandeln sie ihn seiner Vorzüge und Verdienste gemäß? Bewundern sie ihn genügend? Und so weiter bis ins Unendliche. Das »Sich-Richten« spielt eine sehr wichtige Rolle im Leben jedes einzelnen, aber für gewisse Leute wird es zu einer Besessenheit. Ihr ganzes Leben ist durchwirkt vom »Sich-Richten«, das heißt, von Sorge, von Zweifel, von Verdächtigungen und zwar so stark, daß kein Platz mehr für irgend etwas anderes bleibt.

Das Märchen vom »Minderwertigkeitskomplex« und von anderen »Komplexen« ist aus diesem Phänomen entstanden, die ganz unklar wahrgenommen, aber nicht verstanden wurden; aus Erscheinungen der »Identifizierung« und des »Sich-Richtens«.

Die »Identifizierung und das »Sich-Richten« müssen in sehr ernsthafter Weise beobachtet werden. Einzig und allein die vollständige Kenntnis, die man von ihnen haben kann, erlaubt sie abzuschwächen. Wenn man sie nicht in sich selbst erkennen kann, wird man sie leicht bei den anderen beobachten können. Aber man muß sich darüber im Klaren sein, daß man selbst in keiner Weise von den anderen verschieden ist. In dieser Hinsicht sind alle Menschen gleich.

Um auf das zurückzukommen, was wir vorher sagten, müssen wir uns bemühen, eine weit klarere Vorstellung zu haben, in welcher Art und Weise die Entwicklung des Menschen beginnen soll. Und wir müssen verstehen, wie das Selbststudium dabei helfen kann.

Von Anfang an werden wir auf eine Schwierigkeit in unserer Sprache stoßen. Wir wollen zum Beispiel vom Standpunkt der Evolution aus über den Menschen sprechen. Aber das Wort »Mensch« enthält in unserer gewöhnlichen Sprache keinerlei Variationen, keine Abstufung. Der Mensch, der niemals bewußt ist, der nicht einmal Argwohn hierüber hegt, der Mensch, der danach ringt, bewußt zu werden, der Mensch, der völlig bewußt ist, sie alle werden in unserer Sprache gleich benannt. In einem wie im anderen Fall spricht man von »Menschen«.

Um diese Schwierigkeit zu vermeiden und die Einordnung der neuen Ideen zu erleichtern, teilt diese Lehre den Menschen in sieben Kategorien ein.

Die drei ersten Kategorien liegen praktisch auf einer Stufe.

Mensch Nummer 1 ist ein Mensch, in dem das instinktive oder das motorische Zentrum stärker sind als das intellektuelle und gefühlsbedingte. Anders gesagt: Der Körpermensch oder der physische Mensch.

Mensch Nummer 2 ist ein Mensch, in dem das Gefühlszentrum stärker ist als das intellektuelle, als das Bewegungs- und das instinktive Zentrum: Der Gefühlsmensch oder der Emotionale.

Mensch Nummer 3 ist ein Mensch, in dem das intellektuelle Zentrum stärker ist als das Gefühls-, Bewegungs- und Instinktzentrum: Der intellektuelle Mensch.

Im gewöhnlichen Leben werden wir nur diese drei Kategorien von Menschen antreffen. Jeder von uns, jeden, den wir kennen, ist ein Mensch Nummer 1, ein Mensch Nummer 2 oder ein Mensch Nummer 3. Es gibt höhere Kategorien von Menschen, aber keiner von uns gehört von Geburt an zu diesen. Die Menschen werden alle als Nummer 1, 2 oder 3 geboren und können die höheren Kategorien nur erreichen, wenn sie durch Schulen gehen.

Der Mensch Nummer 4 wird nicht als solcher geboren. Er ist das Produkt einer Schule. Er unterscheidet sich vom Menschen Nummer 1, 2 oder 3 durch die Kenntnis seiner selbst, durch das Verständnis seiner eigenen Situation und durch die Tatsache, daß er einen *dauernden Schwerpunkt* besitzt. Dieses bedeutet, daß für ihn der Wunsch, Einheit, Bewußtsein, ein dauerndes »Ich« und freien Willen zu erlangen, somit die Idee seiner Entwicklung wichtiger geworden ist, als alle seine anderen Interessen.

Man muß zu diesen charakteristischen Merkmalen des Menschen Nummer 4 noch hinzufügen, daß seine Funktionen und Zentren ausgeglichener sind, und dies in einer Weise, die er nie erreicht hätte, wenn er nicht nach den Methoden und Grundsätzen einer Schule an sich gearbeitet hätte.

Der Mensch Nummer 5 ist ein Mensch, der die *Einheit* und das *Bewußtsein seiner selbst* erlangt hat. Er ist ein anderer als der gewöhnliche Mensch; denn in ihm arbeitet schon eines der höheren Zentren, und er besitzt eine Menge von Funktionen und Fähigkeiten, die der gewöhnliche Mensch, der Mensch Nummer 1, 2 oder 3 nicht besitzt.

Der Mensch Nummer 6 ist ein Mensch, der das *objektive Bewußtsein* erlangt hat. Ein anderes höheres Zentrum arbeitet in ihm. Er besitzt eine viel größere Anzahl von neuen Fähigkeiten und Eigenschaften, die weit über das Begriffsvermögen des gewöhnlichen Menschen hinausgehen.

Der Mensch Nummer 7 ist ein Mensch, der alles erreicht hat, was ein Mensch erlangen kann. Er hat ein *dauerndes Ich* und einen *freien Willen;* er kann in sich selbst alle Bewußtseinszustände kontrollieren und kann hinfort nichts mehr von dem verlieren, was er erreicht hat. Einer anderen Definition gemäß *ist er unsterblich in den Grenzen des Sonnensystems.*

Es ist sehr wichtig, diese Einteilung des Menschen in sieben Kategorien zu verstehen, denn sie findet ihre Anwendung in allen möglichen Formen des Studiums der menschlichen Aktivität. In den Händen derer, die sie verstehen, stellt sie ein sehr festes Werkzeug dar, ein äußerst feingegliedertes Instrument, das viele Erscheinungen zu definieren vermag, deren Bestimmung ohne diese Einteilung unmöglich wäre.

Nehmen Sie zum Beispiel die allgemeinen Begriffe

von Religion, Kunst, Wissenschaft und Philosophie. Um mit der Religion zu beginnen: Wir können sofort sehen, daß es eine Religion des Menschen Nummer 1 geben muß, die alle Arten von Fetischismus — unter welchem Namen auch immer — einschließt; eine Religion des Menschen Nummer 2, das heißt eine Religion der Emotion, des Gefühls, die manchmal bis zum Fanatismus geht, bis zu den brutalsten Formen der Intoleranz, bis zur Verfolgung der Ketzer und so fort; eine Religion des Menschen Nummer 3, eine theoretische, scholastische Religion voller Sophisterei über Worte, Formen, Riten, die mehr Gewicht erlangen als alles andere; eine Religion des Menschen Nummer 4, das heißt des Menschen, der an seiner Selbstentwicklung arbeitet; eine Religion des Menschen Nummer 5, das heißt des Menschen, der die Einheit erreicht hat und der vieles sehen und wissen kann, was der Mensch Nummer 1, 2 oder 3 weder zu sehen noch zu wissen vermag; schließlich eine Religion des Menschen Nummer 6 und eine Religion des Menschen Nummer 7, über welche wir nichts wissen können.

Die gleiche Einteilung läßt sich auf die Kunst, auf die Wissenschaft und die Philosophie anwenden. Daher muß es auch eine Kunst des Menschen Nummer 1 geben, eine Kunst des Menschen Nummer 2, eine Kunst des Menschen Nummer 3; eine Wissenschaft des Menschen Nummer 1, eine Wissenschaft des Menschen Nummer 2, eine Wissenschaft des Menschen Nummer 3, eine Wissenschaft des Menschen Nummer 4 und so weiter. Versuchen Sie selbst, solche Beispiele aufzufinden.

Diese Erweiterung der Begriffe vermehrt die Möglichkeiten, richtige Lösungen für eine große Anzahl unserer Probleme zu finden.

Und dies bedeutet, daß diese Lehre uns die Möglichkeit gibt, eine *neue Sprache* zu studieren — damit meine ich: neu für uns —, die uns erlaubt, Ideen verschiedener Kategorien, die in Wirklichkeit verbunden sind, miteinander zu verknüpfen, und Ideen zu trennen, die zur selben Kategorie zu gehören scheinen, aber in Wirklichkeit von verschiedener Art sind. Die Einteilung des Wortes »Mensch« in sieben Worte: Mensch Nummer 1, 2, 3, 4, 5, 6 und 7, und alles, was sich hieraus ableitet, ist ein Beispiel dieser neuen Sprache.

Wir haben hier also eine vierte Definition der Psychologie: *Die Psychologie ist das Studium einer neuen Sprache.* Und diese neue Sprache ist die *Universalsprache,* welche die Menschen manchmal zu entdecken oder zu erfinden sich mühen.

Der Ausdruck »Universalsprache« oder »philosophische Sprache« darf nicht als bildlicher Ausdruck verstanden werden. Diese Sprache ist allumfassend in derselben Weise, wie es die mathematischen Symbole sind. Darüber hinaus erhält sie in sich selbst alle Deutungen, die ihr die Menschen geben könnten. Noch kennen Sie nur einige Worte dieser Sprache, aber diese geben Ihnen schon die Möglichkeit, mit größerer Genauigkeit zu denken und zu sprechen, als es Ihre gewöhnliche Sprache erlauben würde, selbst wenn Sie von der wissenschaftlichen oder philosophischen Terminologie und ihrem Wortschatz Gebrauch machen.

Dritter Vortrag

Die Idee, daß der Mensch eine Maschine ist, ist nicht neu. Es ist dies tatsächlich auch der einzig mögliche wissenschaftliche Standpunkt — ein Standpunkt, der sich auf Erfahrung und auf Beobachtung stützt. Was man in der zweiten Hälfte des 19. Jahrhunderts »Psychophysiologie« nannte, war eine sehr gute Definition für die menschliche Mechanisierung. Man hielt den Menschen für unfähig, irgendeine Bewegung auszuführen, wenn er nicht von äußeren Eindrücken dazu veranlaßt wurde. Die Gelehrten jener Zeit behaupteten, daß ein Mensch, der, — wäre dies möglich — von Geburt an jeglicher äußeren und inneren Eindrücke entzogen und dennoch am Leben erhalten würde, unfähig wäre, *auch nur die geringste Bewegung auszuführen.*

Ein solches Experiment ist, selbst bei einem Tier, offensichtlich unmöglich. Denn schon der Prozeß der Lebenserhaltung — Atmung, Ernährung etc. — würde viele Arten von Eindrücken hervorrufen, die verschiedene Reflexbewegungen auslösen und dadurch das motorische Zentrum erwecken würden.

Dennoch ist dies eine sehr interessante Idee. Denn sie zeigt ganz klar, daß die Tätigkeit der Maschine von äußeren Eindrücken abhängt und mit Reaktionen auf diese Eindrücke beginnt.

In der Maschine ist jedes Zentrum genau so abgestimmt, daß es die Art von Eindrücken aufnimmt, die ihm entsprechen und daß es auf die gewünschte Weise reagiert. Wenn die Zentren richtig arbeiten, ist es möglich, die Arbeit der Maschine zu berechnen. Man kann eine Anzahl von Zwischenfällen und Reaktionen, die in der Maschine auftreten können, voraussehen und voraussagen, kann sie erforschen und sogar lenken.

Leider arbeiten die Zentren nur sehr selten so wie sie es tun sollten, selbst nicht bei einem Menschen, der für gesund und normal gilt.

Und zwar deshalb, weil die Zentren so funktionieren, daß sie bis zu einem gewissen Grad einander ersetzen können. Im ursprünglichen Plan der Natur geschah dies ohne Zweifel, um die Fortdauer der Gesamttätigkeit der Zentren zu sichern und einen Schutz gegen mögliche Unterbrechungen der Tätigkeit der Maschine zu gewähren. Denn eine Unterbrechung wäre in gewissen Fällen verhängnisvoll.

Bei den undisziplinierten und unentwickelten Maschinen aber, die wir alle sind, ist diese Fähigkeit der Zentren, für einander zu arbeiten, so übertrieben, *daß jedes nur selten seine rechtmäßige Arbeit ausführt.* Fast jede Minute verläßt das eine oder andere Zentrum seine eigene Arbeit und sucht die eines anderen zu übernehmen. Und dieses wieder versucht die Tätigkeit eines dritten auszuführen.

Wie ich schon sagte, können sich die Zentren bis zu einem gewissen Grad ersetzen, aber nicht vollkommen. In solchen Fällen arbeiten sie unvermeidbar in einer viel weniger wirksamen Art. Zum Beispiel kann das

Bewegungszentrum in gewisser Weise die Arbeit des intellektuellen Zentrums nachahmen, aber es wird nur sehr unbestimmt, sehr unzusammenhängende Gedanken hervorbringen, wie etwa im Traum oder in Tagträumereien. Auf der anderen Seite kann das intellektuelle Zentrum an Stelle des Bewegungszentrums arbeiten. Versuchen Sie zum Beispiel zu schreiben, indem Sie an jeden Buchstaben denken und an die Weise, wie Sie ihn darstellen werden. Sie können ähnliche Experimente machen, indem Sie versuchen, sich Ihres Denkens zu bedienen, um etwas auszuführen, was Ihre Hände und Füße ohne dessen Hilfe viel besser vollbringen könnten. Versuchen Sie doch eine Stiege hinunter zu gehen, indem Sie jede Bewegung beobachten oder eine vertraute Handarbeit auszuführen, indem Sie in Gedanken jede kleinste Bewegung vorausberechnen und vorbereiten. Sie werden sofort sehen, wieviel schwieriger die Arbeit wird und bis zu welchem Grad das intellektuelle Zentrum langsamer und ungeschickter arbeitet als das Bewegungszentrum. Sie können dies auch feststellen, wenn Sie eine neue Art von Bewegung nehmen, irgend eine neue körperliche Arbeit; oder nehmen Sie das Beispiel eines Soldaten, der sich im Exerzieren übt. Eine gewisse Zeit lang werden alle seine Bewegungen vom intellektuellen Zentrum abhängen und später erst auf das Bewegungszentrum übergehen.

Jeder kennt die Erleichterung, die man empfindet, wenn die Bewegungen automatisch geworden sind und man richtig eingestellt ist, so daß es nicht mehr notwendig ist, zu *denken*, noch unablässig jede Bewegung zu berechnen. Dies bedeutet, daß die Bewegungen nun auf das motorische Zentrum übergegangen sind, zu welchem sie normaler Weise gehören.

Das instinktive Zentrum kann an Stelle des Gefühlszentrums arbeiten, und das Gefühlszentrum kann gelegentlich für alle anderen Zentren die Arbeit übernehmen. In gewissen Fällen kann das intellektuelle Zentrum die Arbeit des instinktiven ausführen, obwohl es nur einen sehr kleinen Teil dieser Arbeit leisten kann — nur jenen, der mit den sichtbaren Bewegungen in Verbindung steht, zum Beispiel mit den Thoraxbewegungen während des Atmens. Es ist sehr gefährlich, in die normalen Funktionen des instinktiven Zentrums einzugreifen. Dies ist der Fall bei künstlicher Atmung, die manchmal als »Atmung der Yogis« beschrieben wird und nur unter Aufsicht eines befugten und erfahrenen Lehrers unternommen werden darf.

Um auf die unrichtige Arbeit der Zentren zurückzukommen: praktisch füllt sie — wie ich feststellen muß — unser ganzes Leben aus. Unsere trübsinnigen Eindrücke, unsere verschwommenen Wahrnehmungen, unsere Langsamkeit im Verständnis vieler Dinge, sehr oft auch unsere Identifizierung und unser »Sich Richten«, *selbst unsere Lüge* — sie alle hängen von der unrichtigen Arbeit der Zentren ab.

Der Gedanke der fehlerhaften Arbeit der Zentren findet weder Eingang in unsere übliche Denkweise noch in unser gewöhnliches Verständnis; wir sehen nicht, wie sehr uns diese unkorrekte Arbeit schadet, wie viel Energie unnötig verbraucht wird, wie viel Schwierigkeiten uns auf diese Weise bereitet werden.

Dieses Verkennen der fehlerhaften Arbeit unserer Maschine ist gewöhnlich mit der Illusion verbunden, die wir von unserer Einheit haben. Wenn wir verstehen, bis zu welchem Grad wir in uns selbst geteilt sind, beginnen wir die Gefahr zu sehen, die der Tatsache entspringt, daß ein Teil unseres Selbst an Stelle eines anderen arbeitet, ohne daß wir es wissen.

Der Mensch, der sich erforschen und beobachten will, muß also nicht nur die korrekte Arbeit seiner Zentren studieren und beobachten, sondern auch ihre fehlerhafte. Es ist notwendig, alle Arten von fehlerhafter Arbeit zu kennen und ihre charakteristischen Züge bei gewissen Menschen wahrzunehmen. Es ist unmöglich, sich zu kennen ohne die eigenen Fehler und Unvollkommenheiten. Neben den allen gemeinsamen Fehlern hat jeder von uns seine besonderen, die ihm allein eigen sind und die im gegebenen Augenblick erforscht werden müssen.

Wie ich schon zu Anfang bemerkte, ist die Idee, daß der Mensch eine von äußeren Einflüssen in Tätigkeit gesetzte Maschine ist, eine wirklich wissenschaftliche Idee.

Die Wissenschaft weiß aber nicht:

Erstens, daß die menschliche Maschine nicht die normale Aktivitätsstufe erreicht, sondern sehr tief unter diesem Niveau arbeitet. Das heißt: sie arbeitet nicht mir ihrer ganzen Kraft und allen ihren Teilen.

Zweitens, daß die menschliche Maschine trotz vieler Hindernisse fähig ist, sich zu entwickeln und für sich selbst ganz andere Stufen der Aufnahmefähigkeit und Tätigkeit aufzubauen.

Wir wollen jetzt von den notwendigen Voraussetzungen für die Entwicklung sprechen. Denn es sei daran erinnert, daß die Entwicklung, auch wenn sie möglich ist, doch nur sehr selten eintritt und eine große Anzahl von äußeren und inneren Bedingungen verlangt.

Welches sind diese Bedingungen?

Die erste ist, daß der Mensch seine Lage, seine Schwierigkeiten und seine Möglichkeiten verstehen muß. Sein Verlangen, aus seinem gegenwärtigen Zustand herauszukommen, muß sehr stark sein, oder er muß ein sehr großes Interesse haben für den *neuen, unbekannten Zustand, den die Veränderung bringen soll.* Mit einem Wort: Er muß gegen seinen gegenwärtigen Zustand einen heftigen Widerwillen empfinden, oder sehr stark angezogen sein von dem Zustand, den er erreichen kann.

Weiterhin muß er in gewisser Weise vorbereitet sein. Der Mensch muß imstande sein, zu verstehen, was ihm gesagt wird.

Darüber hinaus müssen die äußeren Bedingungen gut sein. Er muß genügend Zeit haben, um zu studieren und in einer Umwelt leben, die dieses Studium ermöglicht.

Wir können nicht alle notwendigen Bedingungen aufzählen. Vor allem schließen sie eine Schule ein. Diese verlangt in dem Land, in dem sie besteht, gewisse soziale und politische Voraussetzungen. Sie kann nicht unter *irgendwelchen Bedingungen* bestehen; ein mehr oder weniger geordnetes Leben, eine gewisse Kultur und *persönliche Freiheit* sind für sie notwendig. In dieser Hinsicht ist unsere Zeit nicht besonders günstig. Im Orient verschwinden die Schulen schnell, und es scheint, daß in vielen Ländern ihr Bestehen unmöglich wird.

In diesem Zusammenhang habe ich in meinem Buch „Ein neues Modell des Universums“ einige Abschnitte der Gesetze des *Manu* zitiert.

Regeln für einen Snataka (Herr des Hauses):

Kapitel IV

61. Er soll nicht in einem Lande wohnen, das von Shudras regiert wird, noch in einem Land, das von gottlosen Menschen bewohnt ist, noch in einem Land, das von Ketzern erobert wurde, noch auch in einem Lande, in dem die Menschen der niedrigsten Kaste überwiegen.

79. Er soll nicht einmal im Schatten eines Baumes gemeinsam mit ruchlosen Leuten verweilen, auch nicht mit *Tschandalas*, den geringsten aller Menschen, mit *Pukkasas* oder Idioten, mit arroganten Menschen, mit Menschen aus niedrigen Klassen oder mit *Antyavasayins* (Totengräbern).

Kapitel VIII

22. Ein Reich, das vornehmlich von Shudras und von gottlosen Menschen bevölkert ist, in dem es keine zweimal Geborenen gibt, wird schnell vollkommen verderben, getroffen von Hungersnot und Krankheit.

Diese Gedanken aus den Gesetzen des Manu sind sehr lehrreich, weil sie den Menschen eine Grundlage zum Verständnis der verschiedenen politischen und sozialen Bedingungen vom *Gesichtspunkt der Arbeit der Schulen* aus geben, die erlauben, ihnen auch die Bedingungen eines wirklichen Fortschritts von denen zu unterscheiden, die nur zur Zerstörung aller wahren Werte führen, selbst, wenn ihre Anhänger behaupten, daß diese Bedingungen fortschrittlich sind und es ihnen gelingt, eine Menge von schwachen Gehirnen zu täuschen.

Die äußeren Bedingungen aber hängen nicht von uns ab. Bis zu einer gewissen Grenze und bisweilen mit großen Schwierigkeiten, können wir das Land, in dem wir leben wollen, auswählen, aber wir können nicht unser Zeitalter wählen. In dem Jahrhundert, in das unser Schicksal uns gestellt hat, müssen wir uns bemühen, zu finden, wessen wir bedürfen.

So müssen wir verstehen, daß schon die Vorbereitung zur Entwicklung eine Summe von äußeren und inneren Bedingungen erfordert, welche nur selten zusammenkommen.

Zugleich müssen wir auch verstehen, daß zumindest im Hinblick auf die inneren Bedingungen, der Mensch nicht gänzlich dem Gesetz des Zufalls unterworfen ist. Zahlreiche Lichter wurden für sein Vorhaben angezündet, damit er seinen Weg findet, wenn er dies wirklich verlangt, und wenn er *Glück* hat. Seine Möglichkeiten sind so gering, daß der Faktor »Glück« nicht ausgeschlossen werden kann.

Versuchen wir nun auf die Frage zu antworten: Woher entsteht im Menschen das Verlangen, eine neue Kenntnis zu gewinnen, und sich zu wandeln?

Der Mensch lebt unter *zwei Arten von Einflüssen.* Recht verstanden: Es muß eine klare Unterscheidung zwischen diesen beiden getroffen werden.

Die erste Art besteht aus Interessen und Neigungen, die *das Leben selbst* erzeugt: Interessen der Gesundheit, der Sicherheit, des Wohlbehagens, des Geldes, der Vergnügungen, der Zerstreuung, der Eitelkeit, des Stolzes, des Ruhmes etc.

Die zweite Art besteht aus Interessen einer anderen Ordnung, die von Ideen gezeugt werden, die nicht vom

Leben erschaffen wurden, sondern die *ihren Ursprung in Schulen haben.* Diese Einflüsse erreichen den Menschen nicht unmittelbar. Sie werden in den allgemeinen Wirbel des Lebens hineingeworfen, durchlaufen viele verschiedene Geistesstufen und erreichen den Menschen durch Philosophie, Wissenschaft, Religion und Kunst. Sie sind aber immer vermengt mit den Einflüssen der ersten Art und verlieren am Ende jede Ähnlichkeit mit dem, was sie ursprünglich waren.

Zumeist erkennt der Mensch nicht den ursprünglichen Unterschied der Einflüsse der zweiten Art, sondern meint, sie hätten den gleichen Ursprung wie jene der ersten Art.

Wenn der Mensch auch das Bestehen der zwei verschiedenen Einflüsse nicht kennt, so üben doch beide eine Wirkung auf ihn aus, und er reagiert auf die eine oder andere Weise auf sie.

Er kann mehr oder weniger identifiziert sein mit einem oder mehreren Einflüssen der ersten Art und die Einflüsse der zweiten nicht fühlen. Oder er wird von dem einen oder anderen Einfluß der zweiten Art angezogen und berührt. In jedem Fall wird das Ergebnis verschieden sein.

Wir wollen die erste Art von Einfluß A, die zweite Art B nennen.

Wenn ein Mensch vollkommen unter der Macht von Einflüssen A oder unter einem besonderen Einfluß A steht, und den Einflüssen B gegenüber gänzlich gleichgültig ist, wird sich nichts für ihn ändern. Seine Möglichkeiten sich zu entwickeln, werden sich von Jahr zu Jahr vermindern. In einem gewissen Alter — manchmal schon sehr früh — können sie für immer vergehen. Dies bedeutet, daß der Mensch stirbt, obwohl er physisch am

Leben bleibt, gleich einem Samenkorn, das nicht zu keimen und eine Pflanze hervorzubringen vermag.

Wenn der Mensch dagegen nicht ganz unter der Macht der Einflüsse A steht und die Einflüsse B ihn anziehen, bewegen, denken lassen, dann werden sich *die Ergebnisse der Eindrücke, die diese Einflüsse hervorrufen, in ihm anhäufen*, indem sie andere Einflüsse gleicher Art anziehen. Sie werden anwachsen und einen immer bedeutsameren Platz in seinem Geist und seinem Leben einnehmen.

Wenn die Ergebnisse der Einflüsse B genügend Kraft gewonnen haben, verschmelzen sie, um im Menschen ein sogenanntes *magnetisches Zentrum* zu bilden. Man muß sofort verstehen, daß das Wort »Zentrum« hier nicht die gleiche Bedeutung hat wie bei den Ausdrücken »intellektuelles Zentrum« oder »Bewegungszentrum«. Letztere gehören zum Wesenskern. Das *magnetische Zentrum* an sich gehört zur Persönlichkeit. Es ist ganz einfach eine Zusammenfassung von Interessen, die, wenn sie genügend stark sind, bis zu einem gewissen Grad als Faktor der Orientierung und der Kontrolle dienen. Das magnetische Zentrum kanalisiert unsere Interessen in eine gewisse Richtung und hilft ihnen, diese beizubehalten. Dabei kann es selbst nicht viel bewirken. Dafür ist eine Schule notwendig. Das magnetische Zentrum kann keine Schule ersetzen, aber es kann helfen, sich der Notwendigkeit einer Schule bewußt zu werden. Es kann helfen, sich auf die Suche nach einer Schule zu begeben oder diese zu erkennen und sie nicht gleich wieder zu verlieren, wenn man ihr durch Zufall begegnet ist. Denn nichts ist leichter zu verlieren als eine Schule.

Der Besitz eines magnetischen Zentrums ist die erste, wenn auch nicht ausgesprochene Forderung einer

Schule. Wenn ein Mensch kein magnetisches Zentrum hat, oder wenn er nur ein unbedeutendes, vielleicht auch mehrere sich widersprechende magnetische Zentren hat, das heißt, wenn er zu gleicher Zeit an miteinander nicht vereinbarenden Dingen interessiert ist, wird er im Augenblick, in dem er eine Schule antrifft, sich nicht für diese interessieren. Er wird sie kritisieren, noch bevor er etwas von ihr weiß, oder sein Interesse schwindet sehr schnell bei den ersten Schwierigkeiten in der Arbeit der Schule. Dies ist der größte Schutz einer Schule. Ohne ihn würde sie von ungeeigneten Leuten überfüllt werden, welche die Lehre sofort auf falsche Bahnen führen würden. Ein wahres magnetisches Zentrum hilft nicht nur eine Schule zu erkennen, sondern auch den Unterricht der Schule aufzunehmen. Denn dieser unterscheidet sich sowohl von den Einflüssen A wie von den Einflüssen B und könnte Einfluß C genannt werden.

Der Einfluß C kann nur durch das gesprochene Wort, durch unmittelbare Belehrung, durch Erklärung und Beweisführung weitergegeben werden.

Wenn ein Mensch dem Einfluß C begegnet und sich als fähig erweist, ihn aufzunehmen, dann heißt es von ihm, daß er an einem gewissen Punkt seiner selbst, das heißt in seinem *magnetischen Zentrum,* vom Gesetz des Zufalls befreit ist. Von diesem Augenblick an hat das magnetische Zentrum seine Rolle erfüllt. Es hat den Menschen zu einer Schule geführt oder ihm geholfen seine ersten Schritte in dieser zu tun. Von nun an nehmen die Gedanken und Lehren der Schule den Platz des magnetischen Zentrums ein und beginnen langsam in die verschiedenen Teile der Persönlichkeit einzudringen. Mit der Zeit erreichen sie dann den Wesenskern.

Man kann viele Berichte über Schulen, über ihre Organisation und Arbeitsweise sammeln, indem man einfach die Geschichtsperioden nachliest und studiert, in denen Schulen leichter zugänglich waren. Aber gewisse Dinge kann man nur in den Schulen selbst lernen. Die Erklärung der Grundsätze und der Regeln der Schule nehmen einen sehr großen Raum in ihrer Lehre ein.

Einer der wichtigsten Grundsätze, den man auf diese Weise lernt, ist, daß die wirkliche Arbeit der Schule gleichzeitig auf drei Linien verläuft. Die Arbeit auf einer oder zwei Linien kann keine wahre »Arbeit der Schule« sein.

Welches sind diese drei Linien?

In meinem ersten Vortrag habe ich schon erklärt, daß diese Vorträge keine Schule sind. Nun werde ich ausführen können, warum dies nicht der Fall ist.

Während eines Vortrages wurde einmal die Frage gestellt: »Arbeiten diejenigen, die diese Lehre studieren, nur für sich selbst oder arbeiten sie für die anderen?« Dies will ich hier beantworten.

Die erste Linie der Arbeit ist das Studium seiner selbst und das Studium der Lehre oder der »Sprache«. Wer auf dieser Linie arbeitet, tut dies gewiß *für sich selbst.*

Die zweite Linie ist die Arbeit mit anderen Menschen, die zur Schule gehören. Eine Arbeit mit ihnen ist nicht nur eine Arbeit *mit* ihnen, sondern auch *für* sie. So lernt man in der zweiten Linie mit den Menschen und für die Menschen arbeiten.

Aus diesem Grund ist die zweite Linie der Arbeit für gewisse Menschen besonders schwer.

Auf der dritten Linie arbeitet man *für die Schule.* Damit man für die Schule arbeiten kann, muß man zuvor die Arbeit der Schule, ihre Ziele und Notwendigkeiten *verstehen.* Dies verlangt Zeit, es sei denn, daß man wirklich gut vorbereitet ist; bestimmte Menschen können sogar mit der dritten Linie *beginnen,* oder diese zumindest leicht erkennen.

Mit meiner Behauptung, daß diese Vorträge keine Schule seien, wollte ich sagen, daß diese Vorträge nur eine einzige Arbeitslinie zulassen, das heißt das Studium der Lehre und das Studium seiner selbst. In Wirklichkeit erlaubt schon die Tatsache des gemeinsamen Studiums, daß die Menschen die zweite Linie der Arbeit kennen lernen. Zumindest lernen sie *einander ertragen.* Wenn sie einen genügend weiten Horizont und eine schnelle Auffassungsgabe besitzen, können sie sogar eine Übersicht der zweiten und dritten Linie der Arbeit bekommen. Von diesen Vorträgen allein aber kann man nicht viel erwarten.

Auf der zweiten Linie der Arbeit müssen die Schüler, wenn die Schule vollkommen organisiert ist, nicht nur miteinander *sprechen,* sondern auch zusammen *arbeiten.* Diese Arbeit kann sehr verschiedene Formen annehmen, sie muß aber immer in der einen oder anderen Weise *der Schule nützlich sein.* Dies bedeutet, daß man bei der Arbeit auf der ersten Linie die zweite Linie studiert und bei der Arbeit auf der zweiten die dritte Linie studiert. Später werden Sie erfahren, warum alle diese drei Linien notwendig sind und warum es ohne sie keine Arbeit gibt, die wirksam fortschreiten kann zu einem ganz bestimmten Ziel hin.

Sie können auch jetzt schon den Hauptgrund für die Notwendigkeit der drei Linien der Arbeit verstehen, wenn Sie sich klar machen, daß der Mensch schläft und bei jeder beliebigen Arbeit, die er unternimmt, sehr rasch alles Interesse verliert und sie nur noch mechanisch ausführt. Die drei Linien sind vor allem notwendig, weil die Arbeit auf einer Linie den Menschen aufweckt, der auf einer anderen eingeschlafen ist. Wenn wir wirklich auf drei Linien arbeiten, können wir niemals völlig einschlafen. Auf jeden Fall können wir nicht so ruhig schlafen wie zuvor. Wir werden fortwährend aufgeweckt und sehen, daß unsere Arbeit aufgehört hat.

Ich kann Ihnen noch einen sehr charakteristischen Unterschied zwischen den drei Arbeits-Linien angeben.

Auf der ersten Linie ist die wesentliche Arbeit das Studium der Lehre, das Studium seiner selbst, die Selbst-Beobachtung und man muß in seiner Arbeit den Beweis einer gewissen Initiative sich selbst gegenüber bringen.

Auf der zweiten Linie nimmt man an einer organisierten Arbeit teil, wobei jeder nur tun soll, *was von ihm verlangt wird.* Auf der zweiten Linie ist keine Initiative erfordert, nicht einmal zugelassen. Das wesentliche ist hier die *Disziplin.* Es handelt sich um eine genaue Einordnung in das Verlangte ohne Zwischenschaltung des geringsten persönlichen Gedankens, selbst wenn dieser besser zu sein scheint als die Ideen, die gegeben wurden.

Auf der dritten Linie kann man wieder eine gewisse Initiative einsetzen, aber man muß immer eine *Kontrolle über sich* ausüben und darf sich nicht erlauben, Entscheidungen zu treffen, die gegen die Regeln und Grundsätze verstoßen oder im Widerspruch stehen zu dem, was verlangt wurde.

Wie ich schon sagte, beginnt die Arbeit mit dem Studium der Sprache. In diesem Zusammenhang wird es für Sie nützlich sein, sich klar zu machen, daß Sie schon eine gewisse Anzahl von Worten dieser neuen Sprache kennen. Ebenso wird es für Sie von Nutzen sein, diese Worte aufzuschreiben und eine Liste davon herzustellen. Sie dürfen aber nicht den geringsten Kommentar hinzufügen, d. h. Sie dürfen keine Erklärungen geben. Die Kommentare, Auslegungen und Erklärungen müssen in Ihrem Verständnis liegen und können nicht übertragen werden. Wäre dies möglich, dann würde das Studium der psychologischen Lehren sehr einfach sein. Es würde genügen, eine Art von Wörterbuch oder Vokabularium zu veröffentlichen und jeder wüßte alles, was des Wissens notwendig wäre. Zum Unglück oder zum Glück ist dies aber nicht möglich, und die Menschen müssen lernen, jeder für sich, zu arbeiten.

Kehren wir zu den Zentren zurück und versuchen wir zu entdecken, warum wir uns nicht schneller entwickeln können, sondern durch eine lange Arbeit der Schule gehen müssen.

Wir wissen, daß wir bei jedem Lernen neues Material in unserem Gedächtnis ansammeln. Aber was ist unser Gedächtnis? Um es zu verstehen, müssen wir die Zentren als getrennte und unabhängige Maschinen betrachten, die Rollen aus empfindlichem Material enthalten, welche mit *Matrizen eines Phonographen* verglichen werden können. Alles, was wir erleben, alles, was wir sehen, alles, was wir hören, alles, was wir fühlen, alles, was wir lernen, wird auf diesen Rollen registriert. Mit anderen Worten: Alle inneren und äußeren Ereignisse lassen gewisse »Eindrücke« auf diesen Rollen zurück. »Eindrücke« ist ein sehr gutes Wort, weil es sich tatsächlich um etwas *Eingedrücktes*, etwas *Eingeprägtes* handelt.

Ein Eindruck kann tief sein, er kann oberflächlich sein, oder er kann ganz einfach ein flüchtiger Eindruck sein, der sehr schnell wieder vergeht, ohne eine Spur zu hinterlassen. Tief eingeprägt oder oberflächlich — immer sind es Eindrücke. Und diese Eindrücke auf den Rollen sind alles, was wir besitzen. Alles, was wir kennen, alles, was wir gelernt, alles, was wir erfahren haben, ist eingeprägt auf unseren Rollen. Ebenso beschränken sich alle unsere Denkvorgänge, Erwägungen, Spekulationen darauf, die Inschriften auf den Rollen zu vergleichen, sie wieder und wieder zu lesen und zu versuchen, sie einander näher zu bringen, um sie zu verstehen, und so fort. Wir können nichts Neues denken, was nicht auf unseren Rollen eingeschrieben ist. Wir können nichts sagen, nichts tun, was nicht einer Inschrift der Rollen entspricht. Wir können keinen neuen Gedanken erfinden, ebenso wenig wie wir ein neues Tier erfinden können, da alle unsere Ideen über Tiere auf der Beobachtung schon vorhandener Tiere beruhen.

Die Inschriften oder Eindrücke, die auf die Rollen geprägt sind, werden durch Assoziationen in Verbindung zueinander gebracht. Diese Assoziationen setzen Eindrücke in Beziehung, die zu gleicher Zeit aufgenommen werden oder untereinander eine gewisse Ähnlichkeit haben.

In meinem ersten Vortrag erwähnte ich, daß das Gedächtnis vom Bewußtsein abhängt und daß wir uns in Wirklichkeit nur der Augenblicke erinnern, in denen wir Schimmer von Bewußtsein hatten. Es ist offensichtlich, daß verschiedene Eindrücke, die gleichzeitig empfangen wurden und dadurch miteinander verbunden sind, länger im Bewußtsein verharren als unzusammenhängende Eindrücke. Alle Eindrücke eines Augenblicks, die im Schimmer des Bewußtseins seiner selbst, oder selbst bei dessen Annäherung, aufgenommen werden, werden verbunden sein, und werden im Gedächtnis verbunden bleiben.

Dies gilt in gleicher Weise für die Eindrücke, die eine innere Ähnlichkeit besitzen. Wenn der Mensch im Augenblick, in dem er Eindrücke empfängt, bewußter ist, wird er eine bessere Verbindung herstellen zwischen den neuen Eindrücken und den alten, die diesen ähneln. Sie werden im Gedächtnis verbunden bleiben. Empfängt der Mensch dagegen in einem Zustand der Identifizierung Eindrücke, wird er diese nicht einmal wahrnehmen. Ihre Spuren werden auslöschen, noch ehe sie abgeschätzt oder miteinander verbunden wurden. Im Zustand der Identifizierung sieht und hört man nicht. Man ist ganz in seinen Sorgen, seinem Begehren oder in seiner Phantasie eingeschlossen. Man kann sich nicht von den Dingen, den Gefühlen und den Erinnerungen trennen — man ist von der ganzen übrigen Welt abgeschnitten.

Wir werden heute mit einer mehr in Einzelheiten gehenden Prüfung der Zentren beginnen. Hier das Diagramm der vier Zentren:

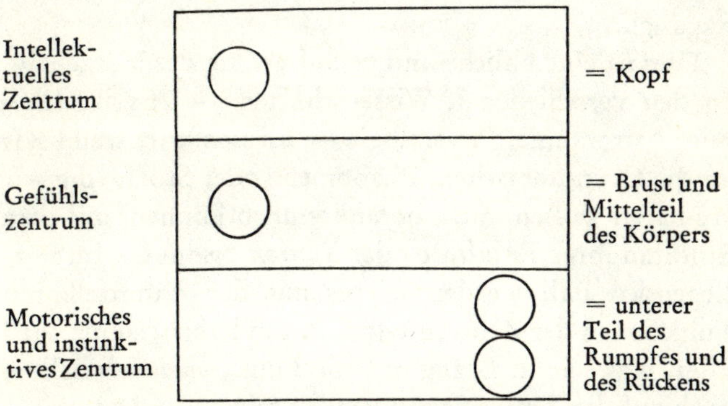

Dieses Diagramm zeigt einen stehenden Menschen im Profil, der nach links schaut; es deutet die jeweilige Stellung der Zentren in ganz schematischer Weise an. *In Wirklichkeit bewohnt jedes Zentrum den ganzen Körper* und durchdringt sozusagen den ganzen Organismus. Gleichzeitig besitzt jedes Zentrum, was man seinen »Schwerpunkt« nennt. Der Schwerpunkt des intellektuellen Zentrums befindet sich im Gehirn; der Schwerpunkt des Gefühlszentrums im Solar-Plexus, die Schwerpunkte der Bewegung und des Instinkts im Rückenmark.

Man muß verstehen, daß wir kein Mittel besitzen, um diese Behauptung im gegenwärtigen Zustand unserer wissenschaftlichen Kenntnisse zu überprüfen; vor allem, weil jedes Zentrum zahlreiche Eigenschaften besitzt, die unsere moderne Wissenschaft nicht kennt, selbst nicht die *Anatomie*. Dies mag seltsam klingen, aber Tatsache ist, daß die Anatomie des menschlichen Körpers bei weitem nicht als eine vollständige Wissenschaft betrachtet werden kann.

Da die Zentren als solche für uns nicht erreichbar sind, muß ihr Studium mit der Beobachtung ihrer Funktionen beginnen; denn diese sind unserer Untersuchung zugänglich.

Dies ist eine übliche und geläufige Art des Vorgehens. In den verschiedenen Wissenschaften — Physik, Chemie, Astronomie, Physiologie — müssen wir, wenn wir an die Grundtatsachen, Phänomene oder Stoffe, die wir studieren wollen, nicht herankommen können, mit dem Studium ihrer *Resultate* oder *Spuren* beginnen. Im vorliegenden Fall werden wir es mit den unmittelbaren Funktionen der Zentren selbst zu tun haben; somit wird alles, was wir in Bezug auf die Funktionen feststellen, auch auf die Zentren anzuwenden sein.

Die Zentren haben viel gemeinsames, aber zugleich besitzt jedes Zentrum seine besonderen Eigentümlichkeiten, die wir nie aus dem Blickfeld verlieren dürfen.

Einer der wichtigsten Grundsätze, die wir verstehen müssen, ist der große Unterschied, der zwischen den Geschwindigkeiten der Zentren besteht; das heißt, zwischen den jeweiligen Geschwindigkeiten ihrer Funktion.

Das langsamste ist das intellektuelle Zentrum. Dann kommen, obwohl schon sehr viel schneller, das instinktive und das motorische Zentrum, die eine mehr oder weniger gleiche Geschwindigkeit haben. Das schnellste von allen ist das Gefühlszentrum; im Zustand des »wachen Schlafes“, aber arbeitet es nur sehr selten mit einer Geschwindigkeit, die seiner wirklichen auch nur annähernd entspricht; gewöhnlich arbeitet es mit der Geschwindigkeit der instinktiven und motorischen Zentren.

Die Beobachtung kann uns helfen, einen großen Unterschied zwischen den Geschwindigkeiten der Funktionen festzustellen, aber deren genaue Zahl kann sie uns nicht angeben. In Wirklichkeit ist der Unterschied sehr groß; größer als man dies bei Funktionen eines und desselben Organismus für möglich halten kann. Wie schon gesagt, können wir nicht mit unseren gewöhnlichen Mitteln den Unterschied der Geschwindigkeiten der Zentren berechnen. Wenn man sie uns aber mitteilt, können wir viele Tatsachen entdecken, die, wenn auch nicht durch die genauen Zahlen, zumindest das Bestehen eines enormen Unterschieds bestätigen werden.

Bevor ich ihnen die Zahlen mitteile, möchte ich mit Ihnen über die gewöhnlichen Beobachtungen sprechen, die man ohne irgendwelche Spezialkenntnisse machen kann.

Versuchen Sie zum Beispiel die Geschwindigkeit des Denkprozesses mit der motorischen Funktion zu vergleichen. Versuchen Sie sich zu beobachten, wenn Sie gleichzeitig zahlreiche schnelle Bewegungen machen müssen — wenn Sie in einer verkehrsreichen Straße Auto fahren, wenn Sie auf einem schlechten Weg galoppieren, oder wenn Sie irgendeine andere Arbeit verrichten, die rasches Handeln und augenblickliche Reaktionen erfordert. Sie werden sofort sehen, daß Sie nicht alle ihre Bewegungen beobachten können. Sie müssen alles langsamer machen, oder den größten Teil Ihrer Beobachtungen sich entgehen lassen, anderenfalls riskieren Sie einen Unfall — und wahrscheinlich wird Ihnen einer zustoßen, wenn Sie darauf bestehen, sich zu beobachten. Wir können noch viele solcher Feststellungen machen, besonders beim Gefühlszentrum, das noch viel schneller arbeitet. Wir alle haben schon derartige flüchtige Beobachtungen über den Geschwindigkeitsunterschied der Funktionen gemacht, aber es ist sehr selten, daß wir den Wert unserer eigenen Beobachtungen und Erfahrungen begreifen. Nur wenn wir das Prinzip kennen, beginnen wir unsere früheren Beobachtungen zu verstehen.

Sie sollen jedoch wissen, daß alle diese Zahlen, die sich auf die verschiedenen Geschwindigkeiten beziehen, von den Schulen gekannt und in ihrem Unterricht bewiesen werden. Wie später erkenntlich wird, drückt sich das Geschwindigkeitsverhältnis der Zentren in einer erstaunlichen Zahl aus, die einen kosmischen Sinn hat, das heißt, die sich in zahlreichen kosmischen Vorgängen findet oder, besser gesagt, viele kosmische Vorgänge von einander abteilt. Diese Zahl ist dreißigtausend. Das bedeutet, daß das motorische und das instinktive Zentrum 30 000mal schneller arbeitet als das intellektuelle Zentrum, und das Gefühlszentrum, wenn es mit seiner eigenen Geschwindigkeit arbeitet, 30 000mal schneller ist als das motorische und das Instinktzentrum.

Es ist schwer anzunehmen, daß ein solcher Unterschied zwischen den Geschwindigkeiten der Funktionen ein- und desselben Organismus besteht. Dies will in Wirklichkeit sagen, daß jedes der verschiedenen Zentren eine *ganz unterschiedliche Zeit hat.* Die Zentren der Bewegung und des Instinkts haben eine Zeit, die 30 000mal länger ist als das Denkzentrum, und das Gefühlszentrum hat eine Zeit, die 30 000mal länger ist als das Bewegungs- und das Instinktzentrum.

Verstehen Sie genau, was eine »längere Zeit« bedeutet? Es bedeutet, daß ein Zentrum für jede Arbeit eine gewisse Zeit mehr braucht als ein anderes. Wie seltsam es auch sein mag, diese Tatsache des großen Unterschiedes der Geschwindigkeit der Zentren erklärt eine große Anzahl von wohlbekannten Phänomenen, die unsere gewöhnliche Wissenschaft nicht erklären kann, und über die sie im allgemeinen mit Stillschweigen hinweggeht, oder die sie ganz einfach nicht erklären will. Ich möchte von ganz erstaunlichen Geschwindigkeiten gewisser physiologischer und intellektueller Vorgänge sprechen, die offensichtlich unerklärbar sind.

Zum Beispiel: Ein Mensch trinkt ein Glas Alkohol und *im selben Moment,* in weniger als einer Sekunde, spürt er vielerlei neue Arten von Gefühlen und Empfindungen — Wärmeempfindung, Entspannung, Erleichterung, ein Gefühl der Ruhe, Befriedigung, Wohlsein, oder im Gegenteil: Bedrängende Angst, Gereiztheit und so weiter. Was er spürt, kann jeweilig verschieden sein; auf jeden Fall reagiert der Körper *sehr schnell* auf das Reizmittel — fast augenblicklich.

Übrigens ist es nicht notwendig, Alkohol oder irgendein Stimulierungsmittel als Beispiel zu nennen; wenn ein Mensch großen Durst oder starken Hunger hat, können ein Glas Wasser oder ein Stück Brot dieselbe augenblickliche Wirkung hervorbringen.

Man kann ähnliche Phänomene feststellen, die die enorme Geschwindigkeit gewisser Vorgänge zum Ausdruck bringen, besonders, wenn man die Träume beobachtet. Solche Beispiele habe ich in »Ein neues Modell des Universums« aufgezeigt.

Der gleiche Unterschied besteht zwischen dem instinktiven und dem intellektuellen Zentrum oder zwischen dem motorischen und dem intellektuellen. Aber wir sind so stark an diese Phänomene gewöhnt, daß wir nicht bemerken, wie erstaunlich und unerklärlich sie sind.

Selbstverständlich bedeutet dies für einen Menschen, der noch niemals seine Aufmerksamkeit auf sich selbst gelenkt hat und der noch niemals versucht hat, sich zu erforschen nichts Erstaunliches — denn es erstaunt ihn überhaupt nichts. Aber in Wirklichkeit erscheinen diese Phänomene vom Gesichtspunkt der gewöhnlichen Physiologie aus fast wie ein Wunder.

Weiß doch der Physiologe, wie viele komplizierte Prozesse vorgehen von dem Augenblick an, wo ein Schluck Alkohol oder ein Glas Wasser hinuntergeschluckt wird bis zu jenem, wo man ihre Wirkung spürt. Jede Substanz, die in den Organismus durch den Mund gelangt, muß analysiert und auf verschiedene Weise untersucht werden, bevor sie angenommen oder ausgestoßen wird. Und all dies dauert weniger als eine Sekunde. Das ist ein Wunder und zur selben Zeit ist es keins. Denn wenn wir den Geschwindigkeitsunterschied der Zentren kennen und wenn wir uns erinnern, daß das instinktive Zentrum, dem diese Arbeit zukommt, 30 000mal mehr Zeit hat als das Denkzentrum, dessen wir uns bedienen, um unsere gewöhnliche Zeit zu messen, dann werden wir verstehen, wie sich dies abspielen kann: Das instinktive Zentrum verfügt nicht über eine Sekunde, sondern über *mehr als acht Stunden* seiner eigenen Zeit, um diese Arbeit zu bewältigen; und in acht Stunden kann diese Arbeit gewiß ohne unnötige Hast in einem gewöhnlichen Laboratorium ausgeführt werden. Somit ist unsere Idee der ganz außergewöhnlichen Geschwindigkeit dieses Vorgangs eine reine Täuschung, bedingt durch die Tatsache, daß wir unsere gewöhnliche Zeit, oder die Zeit des intellektuellen Zentrums, als die einzig existierende Zeit betrachten.

Wir werden später auf das Studium des Unterschieds in der Geschwindigkeit der Zentren zurückkommen.

Versuchen wir nun, eine andere Charakteristik der Zentren zu verstehen; dies wird uns später vortreffliche Angaben für die Selbstbeobachtung und für die Arbeit an uns selbst liefern.

Wir nehmen an, daß jedes Zentrum in zwei Hälften geteilt ist, in eine positive und eine negative.

Diese Teilung ist besonders deutlich beim intellektuellen und instinktiven Zentrum.

Alle Arbeit des intellektuellen Zentrums gliedert sich in zwei Teile: *In Behauptung und Verneinung;* in *Ja und Nein.* In jedem Augenblick überwiegt in unserem Denken einer der beiden Teile oder aber beide sind gleich stark, woraus sich Unentschlossenheit ergibt. Der negative Teil des Denkzentrums ist genauso nützlich wie der positive Teil, und die geringste Abschwächung in der Stärke des einen dem anderen gegenüber führt zu Geistesstörungen.

Bei der Arbeit des instinktiven Zentrums ist die Teilung ebenso klar ersichtlich, und die beiden Teile — positiv und negativ, angenehm und unangenehm — sind gleich notwendig für eine richtige Orientierung im Leben.

Die angenehmen Empfindungen von Geschmack, Geruch, Tasten, Wärme, kühler Atmosphäre, frischer Luft bezeugen von heilsamen Lebensbedingungen; die negativen oder unangenehmen Empfindungen von schlechtem Geschmack und Geruch, von unangenehmem Kontakt, von drückender Hitze oder übermäßiger Kälte zeigen Bedingungen an, die dem Leben schädlich sein können.

Zusammenfassend kann man sagen, daß keinerlei wirkliche Orientierung im Leben möglich ist, wenn die Empfindungen, sowohl die angenehmen wie die unangenehmen fehlen. Sie sind die sichere Führung durch jedes tierische Leben auf Erden, und die geringste Verfälschung die sie erleiden, ruft einen Mangel an Orientierung hervor, folglich eine Gefahr für Gesundheit und Leben. Bedenken Sie, wie schnell ein Mensch sich vergiften würde, wenn er den Geschmack und den Geruch verlieren oder wenn er durch irgendwelche Schliche seinen natürlichen Ekel vor unangenehmen Empfindungen überwinden würde.

Im Bewegungszentrum hat die Teilung in den positiven und den negativen Teil nur einen logischen Sinn als Bewegung im Gegensatz zur Ruhe. Für die praktische Beobachtung ist sie vorderhand weniger wichtig.

Im Gefühlszentrum ist die Teilung auf den ersten flüchtigen Blick hin ganz einfach und offensichtlich. Wenn wir die angenehmen Gefühle wie Freude, Sympathie, Zuneigung, Selbstvertrauen als zum positiven Teil gehörend ansehen und die unangenehmen Gefühle wie Langeweile, Gereiztheit, Eifersucht, Neid, Angst dem negativen Teil zugehörend, dann sehen diese Dinge sehr einfach aus, in Wirklichkeit aber sind sie viel komplizierter.

Um es von Anfang an zu sagen; es gibt keinen natürlichen negativen Teil im Gefühlszentrum. Die Mehrheit der negativen Gefühle ist künstlich, sie gehören nicht zum eigentlichen Gefühlszentrum und beruhen auf instinktiven Gefühlen, die ihnen gänzlich fremd sind, die jedoch von der Phantasie und der Identifizierung entstellt werden. Dies ist die wirkliche Bedeutung der Theorien von James und Lange, die zu einer gewissen Zeit sehr bekannt waren. Beide legten besonderes Gewicht auf die Tatsache, daß alle Gefühle in Wirklichkeit Empfindungen von Veränderungen in den inneren Organen und Geweben sind, die den Empfindungen vorausgehen und ihre wahre Ursache darstellen.

Sie wollten damit sagen, daß die äußeren Ereignisse und die inneren Vorgänge keine Gefühle hervorrufen. Die äußeren Ereignisse und inneren Prozesse lösen innere Reflexe aus und diese rufen wieder Empfindungen hervor, die als Gefühle ausgelegt werden. Andererseits sind die positiven Gefühle wie »Glaube«, »Hoffnung«, »Liebe«, sowie sie geläufig verstanden werden, das heißt, als stets bleibende Gefühle, für den Menschen in seinem *gewöhnlichen* Bewußtseinszustand nicht erreichbar. Sie erfordern höhere Bewußtseinszustände; sie erfordern innere Einheit, Bewußtsein seiner selbst, ein bleibendes »Ich« und den Willen.

Die positiven Gefühle sind Gefühle, die nicht negativ werden können. Hingegen können alle unsere angenehmen Gefühle wie Freude, Sympathie, Zuneigung, Selbstvertrauen in jedem Augenblick umschlagen in Gereiztheit, Langeweile, Neid, Furcht und so weiter. Die Liebe kann sich in Eifersucht verwandeln oder in die Angst, Geliebtes zu verlieren, in Zorn und Haß; die Hoffnung kann sich in Träumerei und Hirngespinste verwandeln, der Glaube in Aberglaube und in laue Hinnahme trö-stender Dummheiten.

Sogar ein rein intellektuelles Gefühl — der Wunsch zu wissen — oder ein ästhetisches Gefühl — zum Beispiel ein Gefühl für Schönheit oder Harmonie — verbindet sich, sobald es in die Identifizierung fällt, sofort mit Gefühlen negativer Art wie Stolz, Eitelkeit, Egoismus, Eigenliebe und so fort.

Wir können also, ohne Gefahr eines Irrtums, behaupten, daß wir keine positiven Gefühle haben können. Andererseits ist es ebenso wahr, daß wir keine negativen Gefühle haben, die ohne Phantasie und Identifizierung bestehen können. Man kann natürlich nicht leugnen, daß der Mensch, neben seinen vielseitigen körperlichen Leiden, die zum instinktiven Zentrum gehören, viele seelische Leiden besitzt, die zum Gefühlszentrum gehören. Er hat viel Kummer, viele Beschwerden, Ängste, Befürchtungen und so weiter, die nicht vermieden werden können und die ebenso eng mit dem Leben des Menschen verbunden sind wie Krankheit, Schmerz und der Tod. Jedoch haben diese inneren Leidenserfahrungen nichts zu tun mit den negativen Gefühlen, die auf der Phantasie und der Identifizierung beruhen.

Die negativen Gefühle sind eine schreckliche Erscheinung. Sie nehmen einen ungeheuer großen Platz in unserem Leben ein. Man kann von vielen Leuten sagen, daß ihr ganzes Leben von *negativen Gefühlen* bestimmt, kontrolliert und schließlich ruiniert wird. Gleichzeitig spielen die negativen Gefühle keinerlei nützliche Rolle in unserem Dasein. Sie dienen nicht zu unserer Orientierung, sie geben uns keinerlei Kenntnis, sie leiten uns nicht in vernünftiger Weise. Im Gegenteil: Sie verderben alle unsere Freuden, sie machen unser Leben zu einer Last und setzen sehr wirksame Hindernisse unserer möglichen Entwicklung entgegen, *weil nichts mechanischer in unserem Leben ist als die negativen Gefühle.*

In seinem gewöhnlichen Zustand kann der Mensch niemals seine negativen Gefühle beherrschen. Jene, die glauben, sie könnten ihre negativen Gefühle beherrschen und sie ablaufen lassen, wie es ihnen gutdünkt, täuschen und belügen sich ganz einfach. Die negativen Gefühle hängen von der Identifizierung ab. Wenn diese zerstört wird, verschwinden sie. Das Seltsamste und Phantastischste bei den negativen Gefühlen ist, daß die Leute sie leidenschaftlich lieben. Meiner Meinung nach ist es für einen gewöhnlichen, mechanischen Menschen das Schwerste, wenn er begreift, daß weder seine eigenen negativen Gefühle noch die der anderen auch nur den geringsten Wert haben und *daß sie nichts Edles, nichts Schönes und nichts Starkes enthalten.* In Wirklichkeit enthalten die negativen Gefühle nichts als Schwäche, und oft sind sie sogar der Anfang von Hysterie, von Wahnsinn oder Verbrechen. Ihre einzige gute Seite ist, daß sie ohne den geringsten Nachteil zerstört werden können, nachdem sie ganz und gar unnötig und von Grund auf von der Phantasie und der Identifizierung erschaffen sind. Dies ist die einzige Möglichkeit für den Menschen, ihnen zu entkommen.

Wenn die negativen Gefühle nützlich oder für das geringste Ziel notwendig wären, und wenn sie die Funktion eines tatsächlich vorhandenen Teiles des Gefühlszentrums bilden würden, hätte der Mensch keinerlei Möglichkeit zur Entwicklung, denn keine innere Entwicklung ist möglich, solange der Mensch seine negativen Gefühle behält.

In der Sprache der Schule besteht ein Gebot, welches sich auf den Kampf gegen die negativen Gefühle bezieht:

Der Mensch muß seine Leiden opfern.

»Was ist leichter zu opfern?« wird man sagen. Aber in Wirklichkeit würden die Leute alles andere eher opfern als ihre negativen Gefühle. Es gibt keine Freude oder Lust, die der Mensch nicht ganz aus oberflächlichen Gründen opfern würde; doch niemals wird er sein Leiden opfern wollen. Und in einem gewissen Sinn ist dies erklärlich.

Einem alten Aberglauben unterworfen, erwartet der Mensch immer etwas vom Opfer seiner Freuden, aber er erwartet nichts vom Opfer seiner Leiden. Er hat völlig falsche Vorstellungen von seinen Leiden und ist gewohnt zu denken, daß ihm die Leiden von Gott oder von den Göttern zu seiner Bestrafung oder seiner Erbauung gesandt werden. Er wird sogar Angst haben, wenn er erfährt, daß es möglich ist, sich so leicht von seinen Leiden zu befreien. Was das Verständnis dieses Gedankens noch schwieriger macht, ist die Tatsache, daß es zahlreiche Leiden gibt, von denen der Mensch sich wirklich nicht befreien kann, ganz abgesehen von jenen Leiden, die allein auf Phantasie beruhen und denen er weder entsagen kann noch will, wie etwa die Idee der Ungerechtigkeit und der Glaube an eine Möglichkeit, Ungerechtigkeiten abzuschaffen.

Des weiteren haben viele Leute nur negative Gefühle. Alle ihre »Ichs« sind negativ. Wenn man ihnen ihre negativen Gefühle wegnehmen würde, brächen sie ganz einfach zusammen und lösten sich in Rauch auf.

Und was würde aus unserem ganzen Leben werden, ohne die *negativen Gefühle*? Was würde mit dem geschehen, was wir »Kunst« nennen, mit dem Theater, dem Drama und der Mehrzahl der Romane?

Es gibt leider keine Möglichkeit, daß die negativen Gefühle von selbst verschwinden. Die negativen Gefühle können nur mit Hilfe der Schulen, ihres Wissens und ihrer Methoden, beherrscht und zum Schwinden gebracht werden. Der Kampf gegen die negativen Gefühle gehört zur Disziplin der Schulen. Er ist eng verbunden mit der Arbeit der Schule.

Wo liegt nun der Ursprung der negativen Gefühle, da sie doch künstlich, anormal und unnütz sind? Da wir den Ursprung des Menschen nicht kennen, sind wir nicht in der Lage, diese Frage zu erörtern; wir können von den negativen Gefühlen und ihrem Ursprung *nur* in Beziehung zu uns selbst, zu unserem eigenen Dasein sprechen. Zum Beispiel können wir beim Beobachten der Kinder sehen, *wie die negativen Gefühle ihnen beigebracht werden,* und wie sie diese ganz allein lernen, indem sie die Erwachsenen und die älteren Kinder nachahmen.

Wenn die Möglichkeit bestünde, daß ein Kind von den ersten Tagen seines Lebens an von Leuten umgeben wäre, die keine negativen Gefühle haben, hätte es höchstwahrscheinlich auch keine, oder es wären so wenige, daß diese ganz leicht durch eine richtige Erziehung beherrscht werden könnten. Im heutigen Leben ist dies aber ganz anders. Dank aller Beispiele, die es hören und sehen kann, dank des Bücherlesens, des

Kinos und so weiter kennt ein 10jähriges Kind schon die ganze Skala der negativen Gefühle. Es kann sich diese vorstellen, kann sie jederzeit wiedergeben und sich ebensogut wie ein Erwachsener mit ihnen identifizieren.

Bei Erwachsenen werden die negativen Gefühle von der Literatur und Kunst unterhalten, welche diese beständig rechtfertigen und verherrlichen, so wie von der persönlichen Rechtfertigung und der Nachsicht mit sich selbst. Sogar wenn wir ihrer müde werden glauben wir nicht, daß wir von ihnen gänzlich freiwerden können.

In Wirklichkeit haben wir viel mehr Macht über die negativen Gefühle als wir denken, besonders von dem Augenblick an, wo wir wissen, wie gefährlich sie sind und wie dringend es ist, gegen sie anzukämpfen. Aber wir finden zuviel Entschuldigungen für sie. Wir schwimmen im Meer des Selbstmitleids, des Egoismus — je nach den Umständen — und entdecken überall Fehler, nur nicht in uns selbst.

Das soeben Gesagte zeigt uns, daß wir uns in Bezug auf unser Gefühlszentrum in einer ganz seltsamen Lage befinden. Es hat keinen positiven Teil und keinen negativen Teil. Die Mehrzahl der negativen Auswirkungen sind erfunden, und es gibt viele Menschen, die in ihrem ganzen Leben noch niemals ein *wahres* Gefühl empfunden haben, so stark ist ihre Zeit von eingebildeten Gefühlen ausgefüllt.

Wir können also nicht sagen, daß unser Gefühlszentrum in zwei Teile, positiver und negativer Art getrennt ist. Wir können nur sagen, daß wir *angenehme* und *unangenehme* Gefühle haben und daß alle Gefühle, die im gegebenen Augenblick nicht negativ sind, *dies sofort durch die geringste Provokation werden können — aber auch ohne dies.*

So sieht das wahre Bild unseres Gefühlslebens aus, und wenn wir uns aufrichtig betrachten, müssen wir uns Rechenschaft abgeben, daß wir, solange wir alle diese vergifteten Gefühle in uns kultivieren und bewundern in keiner Weise hoffen dürfen, in uns die *Einheit, das Bewußtsein* und *den Willen* entwickeln zu können. Wenn eine solche Entwicklung möglich wäre, würden alle diese negativen Gefühle in unser neues Wesen mit hineingenommen werden und für immer in uns verharren. Dies würde bedeuten, daß es keine Möglichkeit mehr gäbe, sich von ihnen zu befreien. Zu unserem großen Glück aber ist dies ausgeschlossen.

In unserem jetzigen Zustand ist das einzig Gute, daß es nichts Bleibendes in uns gibt. Wenn die geringste Sache sich in unserem gegenwärtigen Zustand kristallisiert, ist das ein Zeichen des Wahnsinns. Nur die Wahnsinnigen können ein bleibendes Ich haben.

Nebenbei soll bemerkt werden, daß diese Tatsache ein gewisses irrtümliches Fachwort vernichtet, das sich in die gegenwärtige psychologische Ausdrucksweise — unter dem Einfluß der »Psychoanalyse« — eingeschlichen hat: das Wort »Komplex«.

Es gibt nichts, was in unserer psychologischen Struktur der Idee des »Komplexes« entspricht. Was man heute unter dem Namen »Komplex« bezeichnet, wurde von den Psychiatern des 19. Jahrhunderts »fixe Idee« genannt, und die »fixen Ideen« wurden als Zeichen von Geistesstörung betrachtet, was vollkommen richtig bleibt.

Ein normaler Mensch kann keine »fixen Ideen«, keine »Komplexe«, keine »Fixierungen« haben. Es ist wichtig, sich dessen zu erinnern, falls jemand versuchen würde, bei Ihnen Komplexe zu entdecken. Wir haben schon ohnedies genug schlechte Züge, und unsere Möglichkeiten sind sehr gering, auch sogar ohne Komplexe.

Kommen wir nun auf die Frage nach der Arbeit an uns selbst zurück und fragen wir uns: Was sind unsere wirklichen Möglichkeiten? Wir müssen in uns Funktionen und Erscheinungen entdecken, die wir bis zu einem gewissen Grad meistern können und müssen diese Macht ausüben, indem wir versuchen, sie nach Möglichkeit zu verstärken. Zum Beispiel haben wir eine gewisse Kontrolle über unsere Bewegungen, und in vielen Schulen, besonders im Orient, beginnt die Arbeit an sich selbst mit einer möglichst vollkommenen Beherrschung der Bewegungen. Aber dies verlangt besondere Übung, viel Zeit und das Studium komplizierter Übungen. Unter den modernen Lebensbedingungen haben wir mehr Kontrolle über unsere Gedanken. Es gibt übrigens eine besondere Methode, die uns erlaubt, an der Entwicklung unseres Bewußtseins zu arbeiten, indem wir von jenem Instrument Gebrauch machen, das am besten unserem Willen gehorcht, das heißt von unserem Denkorgan oder unserem intellektuellen Zentrum.

Damit Sie besser verstehen, was ich Ihnen sagen will, versuchen Sie sich zu erinnern, daß wir keinerlei Kontrolle über unser Bewußtsein haben. Als ich davon sprach, daß wir bewußter werden können, oder daß ein Mensch für einen Augenblick bewußt gemacht werden kann, einfach durch die Frage, ob er bewußt ist oder nicht, habe ich die Worte »bewußt« oder »Bewußtsein« in einem relativen Sinn angewendet. Es gibt zahlreiche Abstufungen von Bewußtsein und jede höhere Stufe bedeutet »Bewußtsein« in Beziehung zu einer niederen. Wenn wir auch keine Macht über das Bewußtsein an sich haben, so haben wir doch eine gewisse Kontrolle über unsere Art und Weise, an das Bewußtsein zu denken, und wir können unsere Gedanken so aufbauen, daß sie Bewußtsein hervorbringen. Ich will damit sagen: Indem wir unseren Gedanken die Richtung geben, die sie in einem Bewußtseinsaugenblick einnehmen würden, können wir Bewußtsein hervorrufen.

Versuchen Sie nun zu beschreiben, was Sie bemerkten, als Sie Ihre Aufmerksamkeit darauf richteten, sich selbst zu beobachten.

Sie haben drei Dinge bemerkt: Erstens, *daß Sie sich ihrer selbst nicht erinnern;* das heißt, daß Sie nicht eine Kenntnisnahme Ihrer selbst haben im Augenblick, wo Sie versuchen, sich zu beobachten. Zweitens, daß die Beobachtung erschwert wird durch den ununterbrochenen Strom der Gedanken, Vorstellungen, Gesprächseindrücke, der Eindrücke von Gefühlen, die unseren Geist durchkreuzen und sehr oft die Aufmerksamkeit unserer Beobachtung zerstreuen. Schließlich haben Sie bemerkt, daß im Augenblick, wo Sie sich zu beobachten beginnen, etwas in Ihnen die Phantasie auslöst, und die Selbstbeobachtung, wenn sie wirklich erstrebt wird, ein ständiger Kampf gegen die Phantasie ist.

Hier liegt nun der wesentliche Punkt der Arbeit an sich selbst. Wenn sich der Mensch Rechenschaft abgibt, daß in der Arbeit alle Schwierigkeiten auf der Tatsache beruhen, daß er *sich seiner selbst nicht erinnern* kann, dann weiß er schon, was er zu tun hat.

Er muß sich bemühen, sich seiner selbst zu erinnern.

Hierfür muß er gegen die mechanischen Gedanken und die Phantasie ankämpfen.

Wenn er dies gewissenhaft und mit Beharrlichkeit tut, werden sich in einer verhältnismäßig kurzen Zeit

Ergebnisse zeigen. Aber er darf nicht glauben, daß es leicht ist, oder daß er diese Technik sofort beherrschen kann.

Das sogenannte *Selbst-Erinnern* ist eine innere Tat, deren Ausübung sehr schwer ist. Es darf keinesfalls auf der Erwartung eines Resultates beruhen, denn man würde sich dann mit seinen eigenen Anstrengungen identifizieren. Es muß auf dem Verständnis der Tatsache fußen, daß wir uns nicht selbst erinnern, daß wir uns aber unserer selbst *erinnern können*, wenn wir uns die nötige Mühe auf die richtige Art geben.

Wir können nicht nach Belieben bewußt werden im Augenblick wo wir es wünschen, weil wir nicht Herr unserer Bewußtseinszustände sind. Aber wir können uns unserer selbst für eine kurze Zeit erinnern; und dies nach Belieben, denn wir beherrschen, in einem gewissen Maß, unsere Gedanken. Und wenn wir anfangen, uns unserer selbst zu erinnern, indem wir unseren Gedanken eine besondere Form geben, das heißt, indem wir sehen, daß wir uns nicht unserer selbst erinnern, daß niemand sich seiner selbst erinnert, und indem wir verstehen, was das wirklich bedeutet, wird uns dies zum Bewußtsein führen.

Sie müssen beachten, daß wir den schwachen Punkt in den Mauern unserer Automatisierung gefunden haben. Dieser schwache Punkt ist die Erkenntnis, daß wir uns nicht an uns selbst erinnern, aber uns bemühen können, uns unserer selbst zu erinnern. Bis jetzt war das Studium seiner selbst unser einziges Ziel. Mit dem Verständnis, daß eine wirkliche Wandlung unserer selbst nötig ist, beginnt jetzt die Arbeit.

Später werden Sie lernen, daß die Ausübung des *Selbst-Erinnerns*, verbunden mit der Selbstbeobachtung und dem Widerstand gegen die Phantasie nicht nur eine psychologische Bedeutung hat, sondern den feinsten Teil unseres Stoffwechsels verändert, und in unserem Körper ganz bestimmte chemische Wirkungen — vielleicht besser gesagt: alchemistische Wirkungen erzeugt. Auf diese Weise sind wir heute von der Psychologie ausgehend bei der Alchemie angekommen, das heißt, bei der Idee der Umwandlung von groben Elementen in feine Elemente.

Um tiefer in das Studium der dem Menschen möglichen Entwicklung einzudringen, müssen wir noch einen sehr wichtigen Punkt festhalten.

Im Menschen müssen zwei Seiten entwickelt werden; mit anderen Worten: Seine Entwicklung muß sich gleichzeitig auf zwei Linien vollziehen.

Diese beiden Seiten des Menschen, oder diese beiden Entwicklungslinien sind *Wissen* und *Sein.*

Ich habe schon von der Notwendigkeit der Entwicklung des Wissens gesprochen; besonders vom Wissen, das sich auf die Kenntnis seiner selbst bezieht; denn einer der bezeichnendsten Züge des gegenwärtigen Zustands des Menschen ist, *daß er sich nicht kennt.*

Im allgemeinen versteht man den Gedanken der verschiedenen Stufen des Wissens und die Relativität des Wissens; versteht auch die Notwendigkeit eines vollkommen neuen Wissens.

Was aber in den meisten Fällen nicht verstanden wird, ist der Gedanke, daß das *Sein* gänzlich getrennt vom Wissen ist; noch weniger versteht man die Idee von der Relativität des Seins, von der Möglichkeit verschiedener Seinsebenen und die Notwendigkeit einer Entwicklung des Seins, die vollkommen unabhängig ist von der Entwicklung des Wissens.

Der russische Philosoph Wladimir Solovieff verwendet in seinen Schriften den Ausdruck »Sein«. Er spricht vom Sein eines Steines, vom Sein einer Pflanze, vom Sein eines Tieres, vom Sein des Menschen und einem göttlichen Sein.

Diese Vorstellung ist besser als das gewöhnliche Verständnis, nach dem das Sein eines Menschen als gar nicht verschieden vom Sein eines Steines, einer Pflanze oder eines Tieres betrachtet wird. Vom gewöhnlichen Standpunkt aus gesehen, *sind* oder *bestehen* ein Stein, eine Pflanze oder ein Tier genau so wie ein Mensch *ist* oder *besteht.* In Wirklichkeit aber bestehen sie auf eine ganz andere Art und Weise. Aber die Unterscheidung von Solovieff ist ungenügend. Es gibt nichts, was *dem Sein eines Menschen* entspricht, weil es zu viel Unterschiede zwischen den Menschen gibt. Ich habe schon gesagt, daß vom Standpunkt dieser Lehre aus der Begriff »Mensch« in sieben Begriffe unterteilt werden muß: Der Mensch Nummer 1, der Mensch Nummer 2, der Mensch Nummer 3, der Mensch Nummer 4, der Mensch Nummer 5, der Mensch Nummer 6, der Mensch Nummer 7. Das entspricht sieben Seinsgraden oder Seinskategorien: dem Sein Nummer 1, dem Sein Nummer 2, dem Sein Nummer 3 und so fort. Wir kennen auch noch feinere Einteilungen. Wir wissen, daß die Menschen Nummer 1 sehr verschieden voneinander sein können. Das gleiche gilt für die Menschen Nummer 2 und Nummer 3. Sie können ebenso unter A- wie unter B-Einflüssen stehen. Sie können aber auch mehr B-Einflüssen als A-Einflüssen unterworfen sein. Sie können ein magnetisches Zentrum haben. Sie können in Kontakt mit dem Einfluß einer Schule getreten sein, oder unter den Einfluß C. Sie können auch auf dem Weg sein, ein Mensch Nummer 4 zu werden. Alle diese Kategorien stellen verschiedene Seinsstufen dar.

Die Idee des Seins war das Tiefinnerste der religiösen Begriffe des Menschen, und alle anderen Einteilungen wurden im Vergleich mit dieser für nebensächlich gehalten. Man unterschied Heiden, Falschgläubige, Ketzer auf der einen Seite und andererseits wahre Gläubige, Gerechte, Heilige, Propheten usw. Alle diese Bezeichnungen galten nicht Unterschieden der Ansichten oder Überzeugungen, das heißt *nicht dem Wissen, sondern dem Sein.*

Im modernen Denken weiß man gar nichts von der Idee des Seins und von den verschiedenen Seinsstufen. Ganz im Gegenteil: Man stellt sich vor, ein Mensch könne um so interessanter und auffallender sein, je mehr Gegensätze in seinem Sein vorhanden sind. Im allgemeinen nimmt man zwar stillschweigend — manchmal auch offen — an, daß ein Mensch in Lügen leben, daß er ein Egoist, ein Feigling, ein Phantast, ein Perverser sein kann, ohne daß ihn dies verhindert, ein großer Gelehrter, ein großer Philosoph oder ein bedeutender Künstler zu sein. Selbstverständlich ist das unmöglich. Wenn auch diese Unvereinbarkeit der verschiedenen Züge in ein und demselben Wesen gewöhnlich als Originalität betrachtet wird, ist sie doch nichts anderes als Schwäche. Man kann unmöglich ein großer Denker oder ein großer Künstler sein, wenn die Mentalität pervertiert oder das Denken ohne Kontinuität ist, ebensowenig wie man ein Berufsboxer oder ein Zirkusathlet sein kann, wenn man an Schwindsucht erkrankt ist. Die verbreitete Ansicht, daß Diskontinuität und Amoralität Zeichen von Originalität sind, ist verantwortlich für zahlreiche wissenschaftliche, künstlerische und religiöse Gaukeleien unserer Zeit — und zweifellos aller Zeit.

Es ist notwendig, daß man klar versteht, was *Sein*

bedeutet, und warum es wachsen und sich entwickeln muß, parallel und gleichzeitig mit dem Wissen, und doch unabhängig von ihm.

Wenn das Wissen das Sein überwiegt, oder das Sein sich über das Wissen erhebt, wird immer eine einseitige Entwicklung die Folge sein. Eine einseitige Entwicklung aber wird niemals sehr weit führen. Sie muß unwiderruflich zu irgendwelchen schweren inneren Widersprüchen gelangen und dort zum Stillstand kommen.

Wir werden vielleicht eines Tages von den verschiedenen Arten der einseitigen Entwicklungen und von ihren Ergebnissen sprechen. Im gewöhnlichen Leben begegnen wir nur dem einen Fall, daß das Wissen das Sein überwiegt. Das Ergebnis nimmt die Form einer Dogmatisierung gewisser Ideen an; von hier aus wird jede weitere Entwicklung des Wissens unmöglich, da das Verstehen verloren geht. Aber was ist Verstehen?

Versuchen Sie sich die Frage zu stellen, und Sie werden sehen, daß Sie sie nicht beantworten können. Bis jetzt haben Sie immer *Verstehen* mit *Wissen,* oder Besitz von Informationen verwechselt. Wissen und Verstehen aber sind zwei ganz verschiedene Dinge, und Sie müssen lernen, diese zu unterscheiden.

Um eine Sache zu verstehen, müssen Sie sie in Beziehung zu einem umfassenderen Objekt oder in einen größeren Zusammenhang stellen, ebenso die Folgen dieser Beziehung. Verstehen ist immer das Verständnis eines beschränkten Problems *in seiner Beziehung zu einem umfassenderen Problem.*

Nehmen Sie z. B. an, ich zeige Ihnen einen alten russischen Silberrubel, ein Geldstück von der Größe eines Fünfmarkstücks, das ungefähr einen Wert von drei Mark hatte. Sie können es betrachten, es untersuchen, feststellen, in welchem Jahr es geprägt wurde, all das entdecken, was sich auf den Zaren bezieht, dessen Bildnis sich auf der einen Seite befindet; Sie können es wiegen, sie können sogar eine chemische Analyse davon machen und die ganzen Prozente an Silber, das es enthält, berechnen. Sie können lernen, was das Wort »Rubel« bedeutet und wie sich sein Gebrauch verbreitet hat. All das können Sie erfahren, und zweifellos noch viele andere Dinge, *doch werden Sie niemals diesen Rubel verstehen, noch seine Bedeutung,* solange Sie nicht wissen, daß seine Kaufkraft vor dem ersten Weltkrieg ungefähr zehn Mark von heute entsprach und, daß die des Papier-Rubels des bolschewistischen Rußland vor seinem Verschwinden. nur mehr etwa zwei Pfennige wert war. Wenn Sie dies herausfinden, werden Sie etwas von diesem Rubel *verstehen,* und vielleicht auch von anderen Dingen; denn das Verstehen einer Sache führt sogleich zum Verständnis von vielen anderen.

Man glaubt oft, Verstehen hieße einen Namen, einen Ausdruck, einen Titel, eine Bezeichnung finden für ein neues oder unerwartetes Phänomen. Für unverständliche Dinge Worte finden oder erfinden, hat aber nichts mit Verstehen zu tun. Im Gegenteil: Wenn wir uns von der Hälfte unserer Worte befreien könnten, würden wir vielleicht eine bessere Möglichkeit für ein gewisses Verständnis finden.

Wenn wir uns fragen, was bedeutet, einen Menschen zu verstehen oder nicht zu verstehen, müssen wir vorerst den Fall ins Auge nehmen, daß es unmöglich ist, mit ihm in seiner eigenen Sprache zu sprechen. Es ist selbstverständlich, daß zwei Menschen, die nicht die gleiche Sprache sprechen, einander nicht verstehen werden. Sie müssen eine gemeinsame Sprache haben oder müssen gewisse Zeichen und Symbole vereinbaren, mit denen sie die Dinge bezeichnen. Nehmen Sie jedoch an, daß Sie in einem Gespräch mit ihrem Gesprächspartner über den Sinn gewisser Worte, Zeichen oder Symbole nicht einig werden können, dann werden Sie wieder aufhören, einander zu verstehen.

Daher der folgende Grundsatz: *Sie können nicht verstehen und zugleich nicht einverstanden sein.* Im gewöhnlichen Gespräch sagen wir oft: Ich verstehe ihn, aber ich bin nicht einverstanden mit ihm. Vom Gesichtspunkt dieser Lehre aus, die wir studieren, ist dies unmöglich. Wenn Sie einen Menschen verstehen, sind Sie mit ihm einverstanden. Wenn Sie nicht mit ihm einverstanden sind, verstehen Sie ihn nicht. Es ist schwer, diesen Gedanken hinzunehmen — diese Schwierigkeit bedeutet, daß es schwer ist, den Gedanken zu verstehen.

Wie ich ausgeführt habe, gibt es zwei Seiten des Menschen, die im normalen Verlauf seiner Evolution entwickelt werden müssen: Das Wissen und das Sein. Aber weder Wissen noch Sein können zum Stillstand kommen oder im gleichen Zustand verharren. Wenn eines von beiden nicht wächst und nicht stärker wird, vermindert es sich und wird schwächer.

Verstehen ist, in gewisser Hinsicht, das *arithmetische Mittel* zwischen Wissen und Sein. Dies zeigt die Notwendigkeit eines gleichzeitigen Wachstums von Wissen und Sein. Wenn eins der beiden absinkt, während das andere steigt, ändert sich das arithmetische Mittel nicht.

Dies erklärt auch, warum »Verstehen« Einverständnis bedeutet. Um sich zu verstehen, müssen zwei Menschen nicht nur ein gleiches Wissen besitzen, sondern auch ein gleiches Sein. Nur dann wird gegenseitiges Verstehen möglich.

Eine andere falsche Idee, die in unserer Zeit ganz besonders verbreitet ist, meint, daß das Verstehen verschieden sein kann. Daß jeder von uns etwas verschieden verstehen *kann*, das heißt das Recht hat, ein und dieselbe Sache auf verschiedene Weise zu verstehen.

Vom Gesichtspunkt dieser Lehre aus ist nichts falscher. Es kann kein verschiedenes Verstehen geben. Es kann *nur ein Verstehen* geben; der Rest ist Unverständnis oder unvollständiges Verstehen.

Und doch denken die Menschen oft, daß sie die Dinge verschieden verstehen. Jeden Tag können wir Beispiele hierfür finden. Wie kann man diesen scheinbaren Widerspruch erklären?

In Wirklichkeit liegt hier gar kein Widerspruch vor. Eine Sache verstehen, bedeutet: sie als Teil in Bezug zum Ganzen verstehen. Die Idee des *Ganzen* kann aber bei den Menschen sehr verschieden sein, ihrem Wissen und ihrem Sein entsprechend; darum ist auch hier der Unterricht, die Lehre, notwendig. Man lernt das Verstehen, indem man diese Lehre versteht und alle Dinge in Bezug auf diese.

Von der gewöhnlichen Ebene aus gesprochen, abgesehen von jeder Idee einer Schule oder eines Unterrichts, muß man zugeben, daß es ebensoviele Arten und Weisen des Verstehens wie Menschen gibt. Jeder versteht jede Sache auf seine Weise, seinen Routinen oder mechanischen Gewohnheiten entsprechend; aber dies ist nur ein ganz subjektives, ganz relatives Verstehen. Der Weg zum objektiven Verstehen führt durch die Lehren der Schulen und durch die Wandlungen des Seins.

Um diesen letzten Punkt zu erklären, muß ich auf die Einteilung des Menschen in sieben Kategorien zurückgreifen.

Sie müssen verstehen, daß ein großer Unterschied besteht zwischen den Menschen Nummer 1, 2, 3 einerseits und den Menschen höherer Kategorien andererseits. In Wirklichkeit ist dieser Unterschied viel größer als wir es uns vorstellen können, so groß, daß von diesem Gesichtspunkt aus, das Leben gleichsam in zwei konzentrische Kreise eingeteilt werden kann — in den inneren und den äußeren Kreis der Menschheit.

Zum inneren Kreis gehören die Menschen Nummer 5, 6 und 7; zum äußeren Kreis gehören die Menschen Nummer 1, 2 und 3. Die Menschen Nummer 4 stehen auf der Schwelle des inneren Kreises, das heißt zwischen den beiden Kreisen.

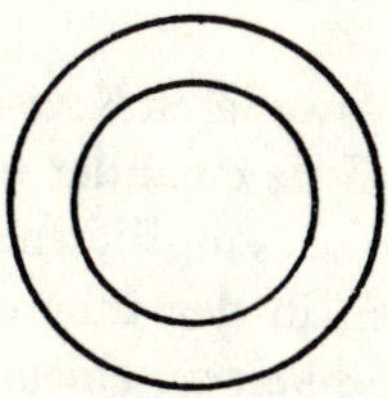

Der innere Kreis selbst ist wieder in drei konzentrische Kreise eingeteilt: Der innerste ist der der Menschen Nummer 7, der Zwischenkreis der der Menschen Nummer 6 und der äußere der der Menschen Nummer 5.

Diese Einteilung bezieht sich vorderhand nicht auf

uns. Für uns bilden die drei inneren Kreise nur einen einzigen.

Der äußere Kreis, in dem wir leben, hat mehrere Namen, die seine verschiedenen Aspekte bezeichnen. Er wird der *mechanische Kreis* genannt, weil dort alles *geschieht;* alles ist dort mechanisch und die Menschen, die dort leben, sind *Maschinen.* Dieser Kreis wird auch der Kreis der *Sprachverwirrung* genannt, weil alle, die in ihm leben, eine andere Sprache sprechen und sich niemals verstehen. Jeder versteht jede Sache auf seine Weise.

Dies führt uns zu einer sehr interessanten Definition des Verstehens: Verstehen ist eine Sache, die zum inneren Kreis der Menschheit gehört und die uns in keiner Weise zueigen ist.

Wenn Menschen des äußeren Kreises sich Rechenschaft darüber abgeben, daß sie einander nicht verstehen, und wenn sie das Bedürfnis empfinden, sich zu verstehen, müssen sie versuchen, in den inneren Kreis einzudringen: denn die Möglichkeit zu einem gegenseitigen Verstehen gibt es nur dort.

Die verschiedenen Arten von Schulen sind Pforten, durch welche die Menschen in die inneren Kreise eintreten können. Jedoch in einen Kreis einzutreten, der höher steht als der, in dem der Mensch geboren wurde, erfordert von ihm eine lange und schwierige Arbeit. Der erste Schritt bei dieser Arbeit ist das Studium einer neuen Sprache. „Und welches ist diese Sprache, die wir studieren?« werden Sie fragen.

Jetzt kann ich Ihnen die Antwort geben:

Es ist die Sprache des inneren Kreises, die Sprache, in welcher die Menschen einander verstehen können.

Sie müssen sich klar darüber sein, daß wir, die wir

außerhalb des inneren Kreises sind, nur Bruchteile dieser Sprache erfassen können. Aber schon diese Bruchteile werden uns helfen, einander weit besser zu verstehen als wir es ohne sie vermöchten.

Die drei inneren Kreise haben jeder ihre eigene Sprache. Wir studieren zur Zeit die Sprache des äußersten dieser inneren Kreise. Diejenigen, die zu diesem Kreis gehören, studieren die Sprache des dazwischenliegenden Kreises, und jene, die diesem mittleren Kreis angehören, studieren die Sprache des innersten Kreises.

Wenn Sie mich fragen, wie dies alles bewiesen werden kann, werde ich Ihnen antworten, daß dies nur möglich ist, wenn man das Studium seiner selbst und die Beobachtung fortsetzt. Wenn wir entdecken, daß das Studium dieser Lehre hilft, uns selbst und die anderen oder auch gewisse Bücher und gewisse Ideen *besser* zu verstehen als zuvor, und wenn wir insbesondere genaue Tatsachen, die dieses neu entwickelte Verstehen bezeugen, entdecken, wird dies, wenn nicht ein Beweis, so doch zumindest ein Zeichen für die Möglichkeit eines Beweises sein.

Wir dürfen nicht vergessen, daß unser Verstehen, ebenso wie unser Bewußtsein, nicht immer auf gleicher Ebene bleibt. Fortwährend erhebt es sich oder sinkt es ab. Das besagt: Manchmal verstehen wir besser, zu einer anderen Zeit verstehen wir weniger gut. Wenn wir in uns selbst diese Unterschiede des Verstehens bemerken, werden wir begreifen können, daß es wirklich eine Möglichkeit gibt, zuerst diese höheren Stufen des Verständnisses aufrecht zu halten, und sie dann zu überschreiten. Doch ein theoretisches Studium genügt nicht. Sie müssen an Ihrem Sein arbeiten, daran arbeiten, Ihr Sein zu wandeln.

Wenn Sie Ihr Ziel definieren können als den Wunsch, die anderen zu verstehen, müssen Sie sich an ein Grundprinzip der Schulen erinnern: Sie können die anderen nur in dem Maß verstehen, wie Sie sich selbst verstehen, und *nur auf der Stufe Ihres eigenen Seins.*

Dies bedeutet, daß Sie das Wissen der anderen, aber nicht deren Sein beurteilen können. Sie können nur soviel in ihnen sehen, wie Sie in sich selbst haben. Aber wir begehen immer den Irrtum zu glauben, daß wir über das Sein der anderen urteilen können. In Wirklichkeit müssen wir, wenn wir mit höher entwickelten Menschen in Kontakt kommen wollen, um sie zu *verstehen,* daran arbeiten, unser Sein zu wandeln.

Kehren wir nun zum Studium der Zentren sowie zum Studium der Aufmerksamkeit und des Selbst-Erinnerns zurück. *Denn dies sind die einzigen Wege, die zum Verstehen führen.*

Neben der Teilung in zwei — positive und negative — Hälften, die, wie wir sahen, in den verschiedenen Zentren nicht die gleiche ist, ist noch jedes der vier Zentren in drei Teile eingeteilt. Diese drei Teile entsprechen den der Zentren selbst. Der erste Teil ist *»mechanisch«* und schließt die instinktiven und motorischen Prinzipien ein, oder das eine, dem die Vorherrschaft zukommt; der zweite ist *»gefühlsbedingt«* und der dritte *»intellektuell«.* Das untenstehende Diagramm gibt die Stellung dieser Teile im intellektuellen Zentrum an: Das intellektuelle Zentrum ist in zwei Teile, einen positiven und einen negativen geteilt, jeder von diesen wieder in drei Teile. Daher enthält das intellektuelle Zentrum tatsächlich sechs Teile.

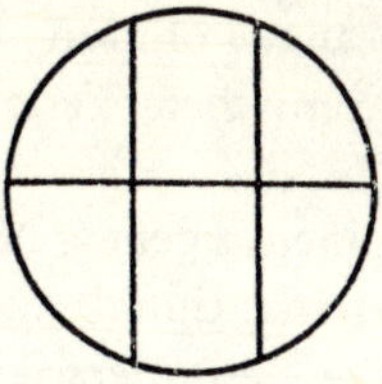

Jeder dieser sechs Teile unterteilt sich wieder in drei Teile: den mechanischen, gefühlsbedingten und intellektuellen Teil. Von diesen werden wir erst später sprechen; nur den mechanischen Teil des intellektuellen Zentrums wollen wir gleich erwähnen.

Die Teilung eines Zentrums in drei Teile ist sehr einfach. Der mechanische Teil arbeitet fast automatisch; *er erfordert keinerlei Aufmerksamkeit.* Deshalb kann er sich auch nicht einer Veränderung der Umstände anpassen. Er kann nicht »denken«, er setzt die Arbeit fort, wie er sie begann, selbst unter völlig veränderten Umständen.

Im intellektuellen Zentrum umfaßt der mechanische Teil die ganze Arbeit der Aufnahme von Eindrücken, Erinnerungen und Ideeverbindungen. Bei einer normalen Betätigung, das will heißen, wenn die anderen Teile ihre eigene Arbeit ausführen, ist dies auch alles, was er tun dürfte. Er dürfte niemals auf Fragen *antworten,* die sich an das ganze Zentrum richten, noch versuchen, dessen Probleme zu lösen. Er dürfte auch niemals etwas beschließen. Unglücklicherweise aber ist er tatsächlich immer bereit, Entschlüsse zu fassen, und er antwortet immer auf verschiedenartige Fragen in einer sehr beschränkten und sehr engen Weise, mit fertigen Phrasen, Jargon-Ausdrücken und mit politischen Schlagworten. Aus diesen allen und noch aus anderen

Elementen unserer angewohnten Reaktionen besteht die Arbeit des mechanischen Teils des intellektuellen Zentrums.

Dieser Teil hat seinen eigenen Namen. Er heißt der »Formungsapparat«, manchmal auch das »Formungszentrum«. Viele Leute, besonders jene, die zu den Menschen Nummer 1 gehören, also die große Mehrheit der Menschen, verbringen ihr ganzes Leben einzig und allein mit ihrem Formungsapparat, ohne sich nur jemals der anderen Teile ihres intellektuellen Zentrums zu bedienen. Für alle unmittelbaren Bedürfnisse des Lebens, um die A Einflüsse zu empfangen und auf sie zu reagieren, die C Einflüsse aber zu verunstalten oder abzulehnen, genügt der Formungsapparat vollständig.

Man hat immer die Möglichkeit, die Denkweise des »Formungszentrums« zu erkennen. Zum Beispiel kann das »Formungszentrum« nur bis zwei zählen. Es teilt alles in zwei ein: »Bolschewismus und Faschismus«, »Arbeiter und Bürger«, »Proletarier und Kapitalisten«, und so fort. Wir verdanken die Mehrzahl unserer modernen »Schlagworte« der Denkweise des Formungszentrums — und nicht nur die Schlagworte, sondern auch alle populären modernen Theorien. Vielleicht kann man sagen, daß zu jeder Zeit alle populären Theorien vom Formungsapparat abhängen.

Der gefühlsbedingte Teil des intellektuellen Zentrums enthält vor allem die sogenannten *intellektuellen Gefühle,* sei es den Wunsch zu wissen, das Verlangen zu verstehen, die Genugtuung zu wissen, die Unzufriedenheit nicht zu wissen, die Freude des Entdeckens usw. obwohl alle diese Gefühlsregungen sich ebenfalls auf ganz verschiedenen Stufen bemerkbar machen können.

Die Arbeit des Gefühlsteils erfordert volle Aufmerksamkeit, doch in diesem Teil des Zentrums *verlangt die Aufmerksamkeit keinerlei Anstrengung.* Sie wird vom Gegenstand selbst angezogen und festgehalten, sehr oft durch Identifizierung, die gewöhnlich mit dem Namen: »Interesse«, »Begeisterung«, »Passion« oder »Hingabe« bezeichnet wird.

Der intellektuelle Teil des intellektuellen Zentrums umfaßt die Fähigkeit zu schaffen, aufzubauen, zu erfinden, zu entdecken. Er kann nicht ohne Aufmerksamkeit arbeiten; *aber in diesem Teil des Zentrums muß die Aufmerksamkeit und Anstrengung mit Willen konzentriert und erhalten werden.*

Dies ist das wichtigste Kriterium beim Studium der verschiedenen Teile der Zentren. Wenn wir sie unter dem Gesichtspunkt der *Aufmerksamkeit* betrachten, werden wir sofort wissen, in welchem Teil der Zentren wir uns befinden. Ohne Aufmerksamkeit oder mit einer hin- und herschweifenden Aufmerksamkeit befinden wir uns im mechanischen Teil; mit einer Aufmerksamkeit, die angezogen und festgehalten wird vom Gegenstand der Beobachtung oder der Überlegung sind wir im gefühlsbedingten Teil; mit einer kontrollierten und willensmäßig auf einen Gegenstand gerichteten Aufmerksamkeit befinden wir uns im intellektuellen Teil.

Zugleich zeigt diese Methode, wie man die intellektuellen Teile der Zentren zum Arbeiten bringen kann. Indem man die Aufmerksamkeit beobachtet und sie zu kontrollieren sucht, wird man gezwungen, in den intellektuellen Teilen der Zentren zu arbeiten. Denn das gleiche Prinzip ist auf alle Zentren anzuwenden, wenn es uns vielleicht auch nicht so leicht fallen wird, die intellektuellen Teile in den anderen Zentren zu unterscheiden, vor allem im instinktiven Zentrum, dessen intellektueller Teil für seine Arbeit keinerlei Aufmerksamkeit verlangt, die wir bemerken oder kontrollieren könnten.

Nehmen wir das Gefühlszentrum. Vorderhand werde ich die negativen Gefühle beiseite lassen und wir werden uns nur mit der Teilung des Zentrums in drei Teile beschäftigen: in den mechanischen, gefühlsbedingten und intellektuellen Teil.

Der *mechanische* Teil umfaßt die gewöhnlichste billige Laune, abgedroschene Späße, den Geschmack für derbe Witze, die Lust zur Aufreizung, die Liebe zu Sensations-Schauspielen, Aufmärschen, Sentimentalitäten, das Verlangen, sich in einer Menschenmenge zu bewegen und zur Menge zu gehören, den Reiz für kollektive Gefühle aller Art, den Hang in niedrigsten, halb tierischen Gefühlen aufzugehen: Grausamkeit, Egoismus, Niederträchtigkeit, Neid, Eifersucht usw.

Der gefühlsbedingte Teil kann, je nach der Person, sehr verschieden sein. Er kann den Sinn für Humor und den Sinn für das Komische enthalten, ebenso religiöse Gefühle, ästhetische Empfindungen, Moralgefühle; in diesem Fall kann er sogar zum Erwachen des *moralischen Gewissens* führen. Durch die Identifizierung aber kann er auch etwas ganz anderes werden: Er kann sehr ironisch, spöttisch, höhnisch, boshaft, eigensinnig, grausam, eifersüchtig sein, wenn auch nicht so primitiv wie der mechanische Teil.

Der *intellektuelle* Teil des Gefühlszentrums enthält (mit Hilfe der intellektuellen Teile der motorischen und instinktiven Zentren) die Fähigkeit zu künstlerischem Schaffen. Wenn die intellektuellen Teile des motorischen und des instinktiven Zentrums, die zur Auswirkung der schöpferischen Fähigkeit notwendig sind, nicht genügend ausgebildet sind oder nicht ihrer Entwicklung entsprechen, kann sich diese im Traum offenbaren. Dies erklärt die manchmal so wunderbare Schönheit der Träume von Menschen, die sonst keineswegs Künstler sind.

Der intellektuelle Teil des Gefühlszentrums ist auch der Hauptort des magnetischen Zentrums. Damit will ich sagen, daß das magnetische Zentrum, das nur im Denkzentrum existiert oder im gefühlsbedingten Teil des Gefühlszentrums, nicht stark genug sein kann, um tatsächlich wirksam zu sein. Es würde immer Irrtümern und Fehlschlägen ausgeliefert sein. Dagegen ist der intellektuelle Teil des Gefühlszentrums, wenn er vollkommen entwickelt ist und mit seiner ganzen Kraft arbeitet, ein Weg zu den höheren Zentren.

Im Bewegungszentrum ist der mechanische Teil automatisch. Alle automatischen Bewegungen, die in der gewöhnlichen Sprache als »instinktiv« bezeichnet werden, gehören zu ihm; ebenso das Nachahmen und die Fähigkeit nachzuahmen, die eine so große Rolle im Leben spielt.

Der gefühlsbedingte Teil des Bewegungszentrums entspricht vor allem der Lust zur Bewegung. Die Liebe zu Spielen und Sport sollte normaler Weise von diesem Teil des Bewegungszentrums abhängen; wenn sich aber die Identifizierung und andere Gefühle einmengen, ist dies nur selten der Fall. Meistens befindet sich die Liebe zum Sport im motorischen Teil des intellektuellen oder Gefühlszentrums.

Der intellektuelle Teil des Bewegungszentrums ist ein sehr wichtiges und sehr interessantes Instrument. Wer Gelegenheit hatte, eine handwerkliche Arbeit *gut* auszuführen, weiß, daß jede Art von Arbeit viel *Erfin-*

dungsgabe verlangt. Man muß seine eigenen kleinen Methoden *erfinden* für alles, was man tut. Diese Erfindungen sind die Arbeit des intellektuellen Teils des Bewegungszentrums, ebenso wie viele andere Erfindungen des Menschen. Die Fähigkeit der Schauspieler *»nach Belieben«* Stimme, Tonfall, Gesten anderer nachzuahmen, gehört auch zum intellektuellen Teil des Bewegungszentrums. Wenn aber diese Fähigkeit zum Nachahmen eine höhere Stufe erreicht, erfordert sie gleichzeitig die Arbeit des intellektuellen Teils des Gefühlszentrums.

Die Arbeit des instinktiven Zentrums bleibt sehr unklar für uns. Wir kennen tatsächlich — damit will ich sagen: wir empfinden und beobachten — nur ihren sinnenhaften und gefühlsbedingten Teil.

Sein mechanischer Teil enthält die gewohnten Empfindungen, die wir meistens gar nicht bemerken, die aber die Grundlage für die anderen Empfindungen sind; ebenso enthält er die *instinktiven Bewegungen* im wörtlichen Sinn, das heißt, alle inneren Bewegungen, wie die der Blutzirkulation, der Verdauung und der Reflexe.

Der intellektuelle Teil nimmt einen sehr großen und sehr wichtigen Platz ein. Im Zustand des Bewußtseins seiner selbst, oder wenn man sich diesem nähert, kann man mit dem intellektuellen Teil des Instinktzentrums in Kontakt kommen und dadurch viele Tatsachen über das Funktionieren der Maschine und ihre Möglichkeiten kennen lernen. Der intellektuelle Teil des Instinktzentrums ist das Gehirn, das hinter der ganzen Arbeit der Organisation steht, das aber nichts mit dem des intellektuellen Zentrums zu tun hat.

Das Studium der Teile der Zentren und ihrer besonderen Funktionen erfordert einen gewissen Grad von

Selbst-Erinnern. Ohne sich selbst zu erinnern, kann man nicht lang genug oder mit genügend Klarheit beobachten, um den Unterschied zu empfinden und zu begreifen. Unterschiede, die zwischen den Funktionen bestehen, die sich auf die verschiedenen Teile der einzelnen Zentren beziehen.

Besser als irgend etwas anderes läßt das Studium der Aufmerksamkeit die Teile der Zentren erkennen, aber seinerseits erfordert das Studium der Aufmerksamkeit einen gewissen Grad von Selbst-Erinnern.

Bald werden Sie verstehen, daß die ganze Arbeit an sich selbst vom Selbst-Erinnern abhängt und ohne diese keinen Fortschritt machen kann. Das Selbst-Erinnern ist ein *teilweises Erwachen* oder der Anfang eines Erwachens. Selbstverständlich — und das muß völlig klar sein — *kann keine Arbeit im Schlaf verrichtet werden.*

INHALTSVERZEICHNIS

BIOGRAPHISCHER HINWEIS

P. D. OUSPENSKY *wurde 1877 in Moskau geboren. Er studierte Naturwissenschaften und machte sich schon in jungen Jahren einen Namen als Journalist und Autor. Von der Exakten Wissenschaft ausgehend, findet er über die Mathematik den Weg zu alten östlichen Traditionen und bringt 1911 sein erstes Werk »Tertium Organum« heraus, in dem er, fußend auf das erste Organum des Aristoteles und das zweite Organum von Bacon eine neue Denkweise hinstellt: Die vierte Dimension oder das Erleben der Zeit als Raum. In seinem zweiten Werk »Ein neues Modell des Weltalls« stellt er fest, daß es für den Menschen eine höhere Wirklichkeit geben muß und es Zeiten gab, in der diese höhere Wirklichkeit leichter zugänglich war. Um ihr näher zu kommen, unternimmt er eine Reise in den Orient — Ägypten, Ceylon und Indien —, findet aber die Antwort auf seine Fragen erst nach dem Ausbruch des Weltkrieges 1914, als er, nach Rußland zurückgekehrt, den Mann trifft, der für seine weitere Entwicklung bestimmend wurde: G. I. Gurdjeff. Mit ihm verbringt er die nächsten acht Jahre in gemeinsamer Arbeit. Die Aufzeichnungen über diese Zeit kamen 1949 — zwei Jahre nachdem Ouspensky in London gestorben war — unter dem Titel »Auf der Suche nach dem Wunderbaren« heraus. (Deutsche Ausgabe im O. W. Barth-Verlag)*

Ouspensky übernimmt das Ziel Gurdjeffs: »Erwachen«: Erwachtes Bewußtsein — Erweiterung des Lebens. Die Aufnahme und Weitergabe der wirklich erlebten Erfahrungen und Erkenntnisstufe derer, die die Gesamtheit suchen und derer die geben können, erlangen und bilden eine Schule. In ihr wird im Kleinen eine kosmische Hierarchie erarbeitet, um am lebendigen Zusammensein die Weltgesetze zu erfahren. Jene, in denen die Frage nach dem Sinn ihres Lebens entsteht, und die diese Frage in sich keimen lassen können — ohne voreilig darauf intellektuell zu antworten — haben die Möglichkeit, eine Schule zu finden.